Stefan Kiechle
Sich entscheiden

Ignatianische Impulse
Herausgegeben von Stefan Kiechle SJ und Willi Lambert SJ,
Band 2

Ignatianische Impulse gründen in der Spiritualität des Ignatius von Loyola. Diese wird heute von vielen Menschen neu entdeckt.

Ignatianische Impulse greifen aktuelle und existentielle Fragen wie auch umstrittene Themen auf. Weltoffen und konkret, lebensnah und nach vorne gerichtet, gut lesbar und persönlich anregend sprechen sie suchende Menschen an und helfen ihnen, das alltägliche Leben spirituell zu deuten und zu gestalten.

Ignatianische Impulse werden begleitet durch den Jesuitenorden, der von Ignatius gegründet wurde. Ihre Themen orientieren sich an dem, was Jesuiten heute als ihre Leitlinien gewählt haben: Christlicher Glaube – soziale Gerechtigkeit – interreligiöser Dialog – moderne Kultur.

Stefan Kiechle

Sich entscheiden

echter

Bibliografische Information der Deutschen Nationalbibliothek:
Die Deutsche Nationalbibliothek verzeichnet diese Publikation in
der Deutschen Nationalbibliografie; detaillierte bibliografische Daten
sind im Internet über http://dnb.d-nb.de abrufbar.

Gedruckt auf umweltfreundlichem, chlorfrei gebleichtem Papier.

11. Auflage 2025

© 2004 Echter Verlag
in der Bonifatius GmbH
Echter Verlag | Dominikanerplatz 8 | 97070 Würzburg
Tel. 0931 66068-0 | info@echter-verlag.de | www.echter.de
Umschlagkonzept: Roberto Meraner
Druck und Bindung: Friedrich Pustet, Regensburg

ISBN 978-3-429-02535-9

Inhalt

1. »Ich hab' da ein Problem«

Ich muss das jetzt entscheiden. Mein weiteres Leben hängt davon ab. Ich bin schon ganz verzweifelt, weil ich mich nicht entscheiden kann. Hin- und hergerissen bin ich zwischen all den Möglichkeiten – und ich entdecke immer noch mehr davon. Alles ist so kompliziert, verwirrend. Wenn ich mich jetzt festlege, kann ich nicht mehr zurück. Das eine lockt mich, und das andere lässt mich nicht los. Gerne würde ich mir die Entscheidung noch offen halten. Ich brauche einfach Zeit. Ich will mir erst ganz sicher sein. Warum kann ich diese Entscheidung nicht einfach noch aufschieben? Aber ich stehe unter Druck. Bald muss ich Bescheid geben, was ich eigentlich will. Meine Freundinnen und Freunde raten mir ganz Unterschiedliches, also nützt mir ihre Meinung auch nichts. Alle Alternativen machen mir irgendwie Angst. Mit Meditation und Gebet habe ich es versucht; ich bin etwas zur Ruhe gekommen, aber neue Einsichten hat es mir eigentlich nicht gebracht. Auch mit dem Verstand komme ich nicht weiter, denn Argumente findet man irgendwie für und gegen alles. Und die Zeit verfliegt. Ich werde immer älter. Wenn ich jetzt nicht ja sage, läuft mir alles davon. Aber ich kann mich jetzt einfach noch nicht entscheiden! Ich habe Angst vor der Entscheidung.

Entscheidungen tun Not. Es geht in diesem Buch um persönliche Entscheidungen: Wahl des Studienfachs, des Berufs, der Arbeitsstelle; Entscheidung für oder gegen diesen Partner oder diese Partnerin; Entscheidung, ob überhaupt Partnerschaft oder doch lieber allein; Entscheidung, wo man lebt und wie man seine Freizeit gestaltet; Wahl dieser oder jener Bindung, vielleicht eines sozialen oder politischen oder religiösen

Engagements; Entscheidung auch, ob man sich jetzt entscheiden soll oder doch lieber später; schließlich Entscheidung in den vielen kleinen Dingen des Alltags, die dennoch das *Leben* betreffen und es bilden und gestalten.

Mit Entscheidungen tun sich viele Menschen schwer. Wer einen spirituellen Weg geht oder zu gehen versucht, wird sich die Frage stellen, ob und wie ihn seine zumindest anfanghaft gelebte Spiritualität zu guten und »richtigen« Entscheidungen führt. Aber was ist eine *richtige* Entscheidung? Wie findet man Kriterien dafür? Gibt es Methoden oder gar so etwas wie Techniken, die im Prozess des Nachdenkens und Entscheidens helfen? Welche Fehler kann man machen und wie sie vermeiden? Wann ist eine Entscheidung klar?

Von diesen und ähnlichen Fragen handelt dieses Buch. Es richtet sich besonders an spirituell suchende Menschen. Es steht ganz in der geistlichen Tradition des Ignatius von Loyola, der immer als Spezialist für solche Angelegenheiten galt. Ein Kapitel wird sich besonders mit ihm befassen. Danach werden wir auf diesem Hintergrund zu Kriterien und Methoden des Entscheidens hinführen. Zu häufig vorkommenden Schwierigkeiten gibt es ein eigenes Kapitel. Am Ende stehen Leitsätze, die das Buch zusammenfassen und zu seiner Umsetzung beitragen wollen. Doch zunächst werfen wir noch einen Blick auf die Probleme mit dem Entscheiden.

Situationen des Entscheidens

Die modern-postmoderne Welt ist kompliziert geworden. Sie bietet fast unbeschränkte Möglichkeiten, die aber alle ihre Vor- und Nachteile haben. Sie fasziniert uns, zugleich aber irritiert, erschreckt sie uns. Da die Dinge und die Möglichkeiten miteinander verwoben sind, hat jede Entscheidung Folgen für vieles, was nicht unmittelbar zu ihr gehört. Wer beispielsweise ja zu einer neuen Arbeitsstelle sagt, muss möglicherweise den Wohnort wechseln, mit allen Folgen für die Familie; wer ja zu einem Baby sagt, muss unter Umständen den beruflichen Weg neu definieren. Ein Vorteil hier führt oft zu einem Nachteil dort. Die langfristigen Folgen einer Entscheidung sind meist unabsehbar. Sie bergen Risiken. Sie machen unsicher, ja ängstlich. Meist kann man erst viel später beurteilen, ob eine Entscheidung richtig war; und auch diese spätere Abwägung ist wieder bezweifelbar. Und Fehlentscheidungen? Sie führen zu Zeitverlust, vermindern die Lebensqualität, verderben eventuell den gesamten Lebensverlauf. In unserer leistungsorientierten Welt können wir uns Fehler kaum erlauben! Wie finden wir zu mehr Vertrauen, Gelassenheit und Sicherheit im Entscheiden?

Die vielfältige Welt gleicht einem Markt der tausend Möglichkeiten. Werbung und Medien verführen uns, was in der Regel unbewusst bleibt. Sie verheißen unendliches Glück, allerdings in einer geträumten und virtuellen Welt. Am Ende wollen wir *alles* haben, was aber – soviel wird immerhin deutlich – nicht geht. Also müssen wir uns entscheiden. Wir müssen dazu in die Realität des Lebens treten. An diesem Punkt scheitern viele Menschen. Die Schwierigkeit der Entscheidungen überfordert sie. Sie verweigern sich und verpassen dadurch ihr Leben. Oder sie fällen Entscheidungen, die sie später revidieren. Die Folge sind Trennungen und Brüche. Diese gehören natürlich zum menschlichen Dasein, jedoch sind solche Brüche, die aus verfehlten Entscheidungen resultieren, wegen der Schuldgefühle besonders schmerzhaft und oft nicht mehr heilbar.

Was die Werbung für ihre Zwecke ausnützt, ist die Sehnsucht nach *allem*, die jedem Menschen ins Herz gelegt ist. Sie ist eine spirituelle Sehnsucht, die über das Irdische hinausweist. Wir *wollen* die Fülle, das Paradies, den Himmel. Im Himmel werden wir, so unsere Hoffnung, *alles*, was wir reinen Herzens ersehnen, bekommen. Doch in diesem Leben sind wir begrenzt, und wir müssen uns mit *einigem* davon bescheiden. Das fällt uns schwer, widerstrebt der Anlage unseres Herzens. Eigentlich wollen wir – wie die Bibel sagt – wie Gott sein. Doch wir müssen Menschen werden, geistig und leiblich begrenzt, im Leben immer schon ein wenig sterbend. Ist das nur Last, oder können wir *darin* Freude und Erfüllung finden?

Wer sich entscheidet, sagt ja zu *einem*. Damit sagt er nein zu *anderem*. Viele vergessen, dieses Nein bewusst mitzusprechen. Wenn es nicht ebenso aktiv vollzogen wird wie das Ja, bleibt eine Unzufriedenheit zurück. Man trauert dann der »abgewählten« Möglichkeit wie einem Verlust nach, der schmerzt und quält. Um diesen Schmerz zu vermeiden, schieben viele die Entscheidungen vor sich her. Sie wollen sich möglichst alle Optionen offen halten und warten so lange, bis es – unbemerkt – zu spät geworden ist. Dann bleibt nur, der verpassten Gelegenheit nachzutrauern.

Wer sich entscheidet, wird bei manchen Bekannten und Freunden Beifall ernten, bei anderen Unverständnis oder Verachtung. Mit seiner Entscheidung prägt er ein Bild von sich. Er schafft sich eine *Identität*. Jene Frau ist nun eben die Lehrerin oder Bankbeamtin oder Ordensfrau. Dieser Mann hat genau diese Frau geheiratet und wird mit deren Eigenheiten – Stärken und Schwächen – identifiziert. Nun stellen wir uns in der Öffentlichkeit in dieser bestimmten Weise dar. Was denken wohl die anderen darüber? Gefällt uns das Bild, das unsere Bekannten sich von uns machen? Manche Freunde werden sich von uns abwenden – das kann weh tun; neue werden wir – hoffentlich – gewinnen. Auch für unsere soziale Identität gehen wir mit Entscheidungen unabsehbare Risiken ein.

Der Kopf und das Herz im Widerstreit

Mich zieht es danach, etwas ganz Verrücktes zu tun. Aus den bürgerlichen Ritualen will ich aussteigen. Das enge Korsett meiner Arbeit nervt mich. Warum nicht für ein Jahr nach Indien? Oder für immer. Das Herz zieht, aber vernünftig ist das überhaupt nicht. »Du verbaust dir deine Zukunft«, sagen sie. Natürlich sind schon meine Gefühle widersprüchlich, so eine Mischung aus Lust und Angst. Oder ist das alles nur schöne Spinnerei? Woran erkenne ich das? Ist denn das »Normale« und Vernünftige, das Bürgerliche und Abgesicherte, die Karriere immer das Bessere? Ich will ehrlich sein: Schon mein Herz ist nicht klar, und noch weniger gelingt es mir, den Verstand mit dem Herzen zusammenzubringen. Wie soll ich durch diesen Dschungel finden?
Es gibt die Kopfmenschen: Alles wird genau durchdacht und organisiert. Für jede Handlung liefert der Verstand eine Begründung. Aber trifft diese immer den Kern der Sache? Ist sie nicht bisweilen zu sehr *konstruiert*? Die Gefühle werden oft beiseite gedrängt. Oder man hat nicht einmal die Sensibilität, sie wahrzunehmen. Unangenehm wird es, wenn jemand offensichtlich von starken Emotionen gesteuert ist, dies aber weder vor anderen noch vor sich selbst zugeben

kann. Hinter klug scheinenden Rationalisierungen verbirgt sich dann ein getriebener Mensch. Kopfmenschen machen viel mit dem Willen. Von der *Einsicht* her definieren sie Ziele und verfolgen diese dann sehr effizient. Die moderne Welt schätzt das. Aber oft blendet der Kopfmensch das an der Wirklichkeit, was seiner Theorie entgegensteht, aus dem Kalkül aus. Stur beharrt er auf seinem Plan, ohne sich durch Tatsachen oder gar durch den Rat anderer beirren zu lassen. Wie kann man als Kopfmensch solche Fallen vermeiden? Was hilft, die wertvolle Gabe, auch komplizierte Sachverhalte rational durchdringen zu können, mit den Affekten zu *verbinden*?

Es gibt die Gefühlsmenschen: Von innen her erleben sie starke Emotionen; diese bestimmen ihre Verhaltensweisen, ob bewusst oder unbewusst. Auch äußere Ereignisse wecken bei ihnen starke Gefühle, die zu eher spontanen Reaktionen führen. Gefühlsmenschen wirken oft warmherzig, sind leicht zugänglich und gelten deshalb als sympathisch. Abhängig sind sie manchmal von starken Stimmungsschwankungen. Was Entscheidungen anbelangt, können Gefühle in die richtige Richtung weisen, aber sie können auch täuschen, z.B. durch *irreale* Ängste oder weltfremde Phantasien. Seelische Belastungen, beispielsweise Verletzungen, prägen den Gefühlshaushalt oft derart, dass die Wirklichkeit verzerrt wahrgenommen wird. Gefühlsmenschen können unter ihren starken Affekten die Wirklichkeit ausblenden. Gegen offenkundige Tatsachen und gegen den Rat anderer können sie sich nahezu immunisieren. Wie kann der Gefühlsmensch solche Fallen vermeiden? Wie verhindern, sich allzu willfährig treiben zu lassen? Was hilft, die wertvolle Gabe, Gefühle intensiv zu leben und für Entscheidungen fruchtbar zu machen, mit der Vernunft zu *verbinden*?

Weiter könnte man bei den gefühlsbestimmten Menschen zwischen einem Herzmenschen und einem Bauchmenschen unterscheiden: Der Herzmensch ist mit starken Gefühlen und Stimmungen beim anderen und wird eher von außen gesteuert; sein Herz schwankt oft, zweifelt und zaudert, oder es begeistert sich und treibt ihn voran. Der Bauchmensch hat eine starke Präsenz in seinem Körper. Er reagiert intuitiv, oft recht bestimmt, mehr von innen und aus dem Instinkt heraus.

Man könnte die Typologie der Persönlichkeiten weitertreiben und sie nach verschiedenen psychologischen Modellen ausdifferenzieren. Für den Augenblick ist wohl nur wichtig wahrzunehmen, dass unser Persönlichkeits-»Typ« unser Entscheiden prägt. Jeder muss mit Schwächen und Stärken, mit Einseitigkeiten und Fallen umzugehen lernen. Die Sehnsucht, Kopf und Gefühl, Herz und Bauch, Sinne und Verstand immer besser in ein Ganzes zu »integrieren«, tragen wir in uns. Je weiter wir auf diesem langen Weg der menschlichen Reifung gelangen, desto leichter gelingen Entscheidungen. Und doch müssen wir schon unterwegs, in der alltäglichen Unvollkommenheit und Brüchigkeit, ständig Entscheidungen fällen.

Die Sache mit der Zeit

Der eine sagt: *Ich bin unter Zeitdruck. Sofort soll ich die Arbeitsstelle zu- oder absagen. Aber ich bin hin- und hergerissen und komme trotz allen Grübelns nicht weiter. Ich zaudere und zögere schon seit Tagen. Das war schon immer so bei meinen Entscheidungen. Vielleicht habe ich ja damals* schon das Studienfach falsch gewählt. *Aber ich kann jetzt nicht mehr von vorne anfangen, dafür ist es einfach zu spät. Was geschehen ist, ist geschehen. Was soll nur aus mir werden?*

Der andere sagt: *Ich entschied mich sofort für den Job. Bei solchen Dingen mache ich nie große Umstände. Ich weiß immer gleich, was ich will, und dann gehe ich mit voller Kraft voraus. Später kamen mir dann Zweifel. War das nicht »übers Knie gebrochen«? Aber wenn ich jetzt wieder kündige, gelte ich als gescheitert. Wie sieht das in meinem Lebenslauf aus? Und vor meinen Freunden? Dann bekommen die Recht, die mir schon immer von dieser Laufbahn abrieten. Sie werden schadenfroh sein, und ich kann mich nirgends mehr sehen lassen. Was soll dann aus mir werden?*

Der eine ist ein Zauderer. Er verschleppt Entscheidungen, wahrscheinlich aus Angst, sich falsch zu entscheiden. Er glaubt immer, die Kompliziertheit der Lage noch nicht genügend durchschaut und geprüft zu haben und sich deswegen *noch* nicht entscheiden zu können. Er scheut das Risiko. Er will erst *ganz sicher* sein – und entdeckt bei jeder neuen Erkenntnis neue Unsicherheiten. Zauderer gibt es viele. Lebensentscheidungen haben sich heute weit nach hinten verschoben: Man heiratet später, auch beruflich legt man sich später fest. Teilweise werden diese Verzögerungen durch komplexe soziale Verhältnisse und aufwändige Ausbildungsgänge verursacht, teilweise durch verschleppte oder versäumte Entscheidungen.

Der andere will allzu schnell mit dem Kopf durch die Wand. Er will sofort Klarheit schaffen, ohne sich genügend Zeit zu lassen, das Für und Wider genau abzuwägen. Er weiß oder respektiert nicht, dass die Seele eine gewisse Reifezeit braucht, um Klarheit darüber zu erlangen, was sie braucht oder will. Wenn man Entscheidungen »übers Knie bricht«, wirkt man zwar selbstsicher und stark, verbirgt aber mit dieser demonstrativen Entschiedenheit oft nur tief sitzende Angst: vor Unklarheit, vor Schwäche, vor der komplizierten Welt. Man kann schwebende Zustände nicht ertragen und meint, das Risiko des Entscheidens durch Vorpreschen vermeiden zu können. Wenn sich die Entscheidung später als falsch erweist, fühlt man sich umso mehr verunsichert und blamiert und hält sich für gescheitert.

Wie sollen wir den rechten Moment des Entscheidens ergreifen? Nach dem alten griechischen Zeitverständnis unterscheidet man den *Kairos* – den intuitiv gespürten rechten Augenblick – vom *Chronos* – der objektiv vorgegebenen, linear ablaufenden Zeit. Heute scheint der *Chronos* ein immer schnelleres und unerbittlicheres Diktat auszuüben und zu verhindern, dass wir den *Kairos* finden. Die fortfließende Zeit bedrängt uns so sehr, dass wir uns unter Druck gesetzt und nicht mehr frei fühlen. Wie können wir das rechte Zeitmaß für Entscheidungsprozesse finden? Wie können wir die drängenden äußeren Forderungen mit dem inneren, eher langsameren Rhythmus harmonisieren? Bisweilen machen wir jedoch die gegenteilige Erfahrung: Im Inneren verspüren wir den Drang, möglichst schnell Klarheit zu schaffen, aber die äußeren Umstände sind noch unklar und wirr. Oft sind es diffuse Ängste, die unser Zeitempfinden stören und zu verfrühten oder zu verschleppten Entscheidungen nötigen. Und die Furcht, etwas falsch oder zur falschen Zeit zu machen, weckt in uns neue Ängste.

Und der Wille Gottes?

Gläubige Menschen fragen vor Entscheidungen, was Gott von ihnen will. Früher stellte man diese Frage, weil man fürchtete, von Gott – wenn man nicht nach seinem Willen handelte – verworfen zu werden. Heute hat sich – Gott sei Dank – unser Gottesbild geändert: Wir stellen die Frage nach Gottes Willen, weil wir glauben, dass *er* das für uns Beste will! Wenn wir also den göttlichen Willen erkennen und nach ihm handeln, wählen wir die beste Möglichkeit. Daher ist es nur erstrebenswert, Gottes Willen herauszufinden. Aber *wie* soll das gehen?

Derzeit frage ich mich, ob Gott etwas anderes von mir will als ich selbst. Ich bin Chirurg und möchte demnächst eine gute Stelle in einem deutschen Krankenhaus annehmen. Nun wurde ich eingeladen, für einige Jahre an einem Hilfsprojekt in einem afrikanischen Krisengebiet mitzuarbeiten, unter lausigen Bedingungen! Ich will das ja überhaupt nicht. Kann es jedoch sein, dass Gott von mir diesen harten Dienst fordert? Muss ich dann seinem Willen folgen? Und was geschieht, wenn ich ihm nicht gehorche? Warum könnte er von mir diesen Weg wollen?

Religiöse Menschen beeindrucken uns, denn sie sind von ihrem Glauben so durchdrungen, dass sie *anders* leben. Offensichtlich richten sie ihr Leben nach Gott aus und fällen ihre Entscheidungen aus dem Glauben. Viele Menschen suchen, *wie* sie den Glauben mit Lebensentscheidungen verbinden sollen. Hat Gott einen auf den einzelnen Menschen gerichteten »Willen«, so dass er von jedem genau eine »Sache« will und alle anderen Sachen nicht? Und wie kann man einen solchen Willen, von dem man glauben möchte, dass er zum

Guten führt, erkennen? Was hilft, ihn zielstrebig und tatkräftig umzusetzen?

Können wir aus Gebet und Meditation Rat und Hilfe für Entscheidungen gewinnen? Wie dient uns die Bibel zur Orientierung? Was sonst kann dazu helfen, dass die Verbindung von Glauben und immer nötiger Lebenswahl gelingt? Wie finden wir uns in einer hoch differenzierten, von Gott scheinbar unendlich weit entfernten Welt mit unseren christlichen Idealen und Maßstäben zurecht?

Die hier angesprochenen Probleme sind vielschichtig und reichen tief ins Persönliche. Wir werden die meisten Fragen nur anfanghaft beantworten können. Das Büchlein würde seinen Zweck erfüllen, wenn einige Leser zur hohen Kunst, sich zu entscheiden, einige Hilfe fänden.

2. Ein Kapitel zu Ignatius von Loyola

Ignatius[1] lebte in der ersten Hälfte des 16. Jahrhunderts. Er stammte aus einer alten baskischen Adelsfamilie, die den spätmittelalterlichen Ritteridealen verpflichtet war. Nach einer schweren Kriegsverletzung änderte Ignatius sein Leben. Über eine lange spirituelle Suche und viele Umwege hinweg wurde ihm klar, dass er Priester werden und »den Seelen helfen« sollte. Er studierte in verschiedenen Städten Spaniens und in Paris. Mit einigen Gefährten gründete er in Rom eine Ordensgemeinschaft. Diese entwickelte einen neuen Stil der Seelsorge und nannte sich »Gesellschaft Jesu«; der volkstümliche Name wurde »Jesuiten«. Bis zu seinem Tod leitete Ignatius die junge Gemeinschaft, die auf klösterliche Elemente verzichtete und ganz auf Seelsorge, Mission und Bildung ausgerichtet war. Die Jesuiten banden sich nicht an feste Orte, sondern blieben mobil und ließen sich vom Papst in alle Welt senden. Als Ignatius starb, hatte der Orden bereits tausend Mitglieder und wuchs weiter. Gemäß seinem Gründungsauftrag wirkte der Orden durch die Wechselfälle der Geschichte. Heute ist er auf allen Kontinenten verbreitet und hat etwa 20.000 Mitglieder.

Ignatius und die moderne Welt

Zur Zeit des Ignatius war Europa im Umbruch; man spricht vom Beginn der Neuzeit. Schon im späten Mittelalter waren Technik und Wirtschaft so weit fortgeschritten, dass die Menschen mobiler wurden. Man reiste mehr und setzte sich mit anderen Kulturen auseinander. Mit der Entdeckung der Neuen Welt öffneten sich unbekannte und überwältigende Horizonte. Das christliche Europa war nicht, wie man geglaubt hatte, die ganze Welt. Es gab nun auch andere, heidnische und zum Teil kulturell überlegene Welten. Dadurch wurde das Selbstbild der »Alten Welt« erschüttert und Neugierde geweckt. Die real erlebte Welt war in Fluss geraten: Ständig veränderten sich die kleinen und die großen Konstanten, gab es Neues zu entdecken. Der Einzelne musste sich ständig anpassen und dazulernen, sich orientieren, *sich entscheiden*.

Mit der Neuzeit kam die Entdeckung des Individuums: Die immer mehr städtisch geprägte Welt verlangte individuelle Persönlichkeiten mit verschiedenen Berufen und Lebensweisen, die je nach Stand und Begabung zu *wählen* waren. Die sozialen Schichten wurden durchlässiger: Mit Fleiß und Glück konnte man – bis zu einem gewissen Grad – sozial aufsteigen, mit Pech oder ungenügender Begabung absteigen. Der einzelne war persönlich gefordert, er musste arbeiten, sich kreativ engagieren, sich immer wieder neu entscheiden. Im Mittelalter war dem einzelnen fast alles durch Familie und soziale Herkunft vorgegeben gewesen: der Beruf, der Ehepartner, evt. der geistliche Stand, auch die Bildungsmöglichkeiten und das Lebensniveau. In diesem stetigen Prozess sozialer und kultureller Veränderung entstand das, was man später die »moderne Welt« nennt. Ignatius stand mitten in diesem Umbruch.

War im Mittelalter das Leben der Menschen durch große, vorgegebene *Ordnungen* geprägt, so wurde es zu Beginn der Neuzeit chaotischer: Es musste vieles geordnet, entwickelt, gestaltet und also entschieden werden. Nun war der einzelne – zunächst galt das vor allem für die Männer – *verantwortlich* dafür. Die Ethik – die Lehre vom rechten Verhalten – wurde zu einem beherrschenden Thema der Neuzeit. Und es kam die Frage nach dem Willen Gottes auf: Treiben wir orientierungslos durchs Leben? Gibt es Ziele? Gibt Gott diese vor? Hat *er* einen Willen? Offensichtlich gab und gibt es bis heute ein Problem der Erkenntnis: Wie können wir im Chaos des Lebens herausfinden, was Gott will? Dieses Problem gilt in gleicher Weise für den einzelnen – *wozu bin ich gerufen?* – und für Gemeinschaften – *was sollen wir tun?* Ignatius stellte die Frage beispielsweise für einen jungen Mann, der vor der Lebenswahl steht: *Soll ich radikal arm leben, gar in einen Orden eintreten?* Und er stellte sie für seinen Orden als ganzes: *Welche Aufgaben der Seelsorge sollen wir übernehmen und welche nicht? Wo ist die wichtigere und fruchtbarere Arbeit?*

In seinem Buch der »Geistlichen Übungen«[2] entwickelte Ignatius eine spirituelle Pädagogik, die unter anderem dazu helfen soll, Lebensentscheidungen zu fällen. Im folgenden werden einige Leitlinien des dort entworfenen Weges dargestellt. Da die Sprache und die Bildwelt des Buches altertümlich und schwer verständlich sind, sei hier versucht, sie für heute zu übertragen.

Sich »indifferent« machen

Ich wollte schon immer in die Politik gehen. Der Gedanke daran macht mir Freude, ja Lust. Ich könnte viel Gutes tun, die Gesellschaft nach meinen Idealen gestalten und dabei berühmt werden. Natürlich habe ich immer wieder Ängste und fühle mich unsicher. Oder ich werde Lehrer. Dieser Beruf reizt mich ebenfalls, und ich wäre auf der sicheren Seite. Aber ist das Lehrerdasein nicht frustrierend? Und groß in der Öffentlichkeit herauskommen kann ich damit kaum. Was suche ich eigentlich im tiefsten Grund meines Herzens?

Jeder Mensch *hängt* an bestimmten Dingen, andere lehnt er instinktiv ab. Bisweilen lockt uns die eine Aufgabe, sie erscheint uns interessant und begehrenswert. Eine andere Aufgabe stößt uns ab, wir mögen sie nicht, bekommen Ängste, finden tausend Gegengründe, gehen ihr aus dem Weg. Auch Menschen finden wir oft attraktiv und sympathisch – oder eben nicht, wir meiden sie. Ignatius spricht von »Regungen« der Seele: Zuneigung, Vorlieben – und Abneigung, Abwehrreaktionen, Ängsten. Regungen sind affektiv, durch starke Gefühle bestimmt. Doch auch Gedanken und Argumente spielen eine wichtige Rolle, und oft wirken beide Ebenen ineinander.

Wenn wir also vor einer Entscheidung stehen, sollen wir uns – so Ignatius – »indifferent« machen. Diese Haltung meint, dass wir die Regungen des Herzens wahrnehmen und prüfen. Dabei werden wir feststellen, dass wir uns in manchen Regungen auf uns selbst orientieren, d.h. den *eigenen* Vorteil suchen, in anderen Regungen selbst-los bleiben, d.h. den Vorteil der *anderen* bzw. *aller* suchen. Wer völlig »indifferent« wäre, hatte sich ganz von egoistischen Regungen *befreit*. Da uns das nie gelingen wird, heißt »indifferent« vor allem, dass wir uns von diesen Regungen – Ignatius nennt sie »ungeordnet«, weil sie Unordnung und Unheil ins Leben bringen – in unseren *Entscheidungen* nicht *bestimmen* lassen (GÜ 21).

Das ist natürlich leichter gesagt als getan. Wenn wir uns von Egoistischem überhaupt nicht mehr bestimmen ließen, wären wir heiliger als die Heiligen. Es ist schon schwierig genug, die Regungen im Herzen gut wahrzunehmen und zu beurteilen. Ignatius entwickelte hierfür eine Lehre, die er »Unterscheidung der Geister« nannte. Wir müssen das »Unterscheiden« ein Leben lang einüben und Erfahrung damit sammeln. Wer so bei sich das Ungeordnete erkennt und sich von ihm freier macht, wird in seinen Entscheidungen indifferenter, auch wenn er diese Haltung nie ganz verwirklichen wird.

Ein gewisses, möglichst großes Maß dieser *inneren Freiheit* – so übersetzt man »Indifferenz« am besten – ist für Entscheidungen unabdingbar. Nur wer in diesem Sinn frei ist, tappt nicht in die Falle, nur sich selbst zu suchen und sich dabei in das Gefängnis des Ego einzuschließen. Nur wer frei ist, kann fragen, welche seiner Möglichkeiten das größere Gut verwirklicht. Nur der Freie hat so viel Distanz zu sich selbst, dass er sich nicht nur nach spontanen Gefühlen oder Gedanken entscheidet, sondern auch nach inhaltlichen Kriterien und Werten.

Ignatius beschreibt die Haltung des Indifferenten so, dass er Gesundheit nicht mehr begehrt als Krankheit, Reichtum nicht mehr als Armut, langes Leben nicht mehr als kurzes, Ehre nicht mehr als Ehrlosigkeit, sondern allein das, was mehr zum Ziel des Lebens hinführt (GÜ 23). Man soll also persönliche Nachteile in Kauf zu nehmen bereit sein, wenn das einem höheren Ziel dient. So einfach diese Aufforderung klingt, sie ist eine unerhörte Herausforderung! Als Christen setzen wir uns für andere Menschen ein und sind bereit, dafür persönliche Vorteile zurückzulassen und Leiden zu akzeptieren. Indifferenz ist letztlich Freiheit *von* ungeordnetem Anhängen an persönlichen Gütern und Freiheit *zur* Hingabe an ein größeres allgemeines Gut.

Frei sein von

Ich will Banker werden. Ich könnte Geld und Karriere machen. Ich werde gut dastehen und vieles bestimmen können. Die Schwäche der anderen würde ich gut ausnutzen. Mir bereitet dieser Gedanke irgendwie Lust. Ich werde mir vieles kaufen können. Meine innere Leere wird weggeblasen werden. Endlich werde ich groß und stark sein.

Ich fühle mich zu dieser Frau hingezogen. Sie macht mich irgendwie an. Ich will sie haben. Mit ihr könnte ich mich gut sehen lassen. Meine Freunde würden mich bewundern, ich hätte es ihnen gezeigt. Alle Kränkungen wären vergessen. Und sie ist reich, ich hätte ausgesorgt.

Die meisten von uns werden *bewusst* nicht so denken und empfinden. Dennoch gibt es in jedem Menschen diese Mechanismen, unbewusst oder halbbewusst und mehr oder minder stark ausgeprägt. Wer von ihnen bestimmt wird, stellt sich und seine Bedürfnisse über alles andere. Er sagt ständig »ich«. Er interessiert sich nicht für die anderen, sondern benutzt sie für seine Zwecke. Er will auf Kosten anderer nach oben kommen, handelt vielleicht aus heimlichen Ressentiments heraus. Oder er verdrängt seine Minderwertigkeitsgefühle oder seine Ängste und drückt andere Menschen nach unten, um selbst nach oben zu kommen. Vielleicht gibt er erlittene Verletzungen weiter, indem er anderen Böses antut. Vielleicht sind seine wichtigsten Werte Geld, Macht und Sex; oder die eigene Absicherung; oder die eigene Ehre und Größe.

Die erste Phase des Entscheidungsprozesses nennt Ignatius in den Exerzitien »Erste Woche«. Es geht darum, sich von »ungeordneten Regungen« freier zu machen. Das können direkt und offensichtlich egoistische Haltungen sein, aber auch subtile Mechanismen der Seele, die man nur nach gründlicher und radikal ehrlicher Prüfung entdeckt. Hier gilt es, zwischen *gut und böse* zu entscheiden. Diese Entscheidung ist nicht eigentlich frei, denn wir sind moralisch *verpflichtet*, uns für das Gute zu entscheiden.

Außer dem eigentlichen Egoismus – theologisch »Sünde« genannt – spielen auf diesem Befreiungsweg auch Ängste und Verletzungen eine Rolle: Wenn man sich in wirkliche Gefahr oder Unheil verrennt, sind Ängste ein heilsamer Warnmechanismus der Seele. Sie können jedoch irrational und überzogen sein. Dann engen sie ein und machen unfrei, und man muss versuchen, sie zu durchschauen und zu überwinden, indem man vertrauensvolle Beziehungen – zu Menschen und zu Gott – aufbaut. Angstbesetzte Menschen müssen einen meist mühsamen therapeutischen Weg gehen.

Unverheilte Verletzungen sitzen tief in der Seele und bestimmen Entscheidungen mit. Sie können zu übersteigerten Ängsten vor neuen Verletzungen oder zu unangemessen aggressivem oder abwertendem Verhalten führen. Manchmal führen sie – unbewusst – zu Racheakten an Unschuldigen, und wenn ein Mensch als bösartig erscheint, sind oft Verletzungen im Spiel, die er selbst erlitten und nie verarbeitet hat und nun weitergibt. Viele Verletzungen können durch Vertrauen, Gespräch und Gebet heilen. Schwere seelische Verletzungen bedürfen selbstverständlich therapeutischer Behandlung.

Zurück zum Thema der Sünde: Vor Entscheidungen sollen wir uns bemühen, die ungeordneten Strebungen in unserer Seele zu durchschauen. Wir werden über sie erschrecken und uns schämen. Jeder Versuch, sie mit psychologischen Tricks oder mit Gewalt herauszureißen, wird fehlschlagen. Wir sollten sie im Gegenteil annehmen! Annehmen heißt nicht, ihnen nachzugeben, sondern sie mit Respekt und Humor als Teil unserer selbst zu verstehen und uns dann von ihnen frei zu machen. Im Handeln dürfen wir uns so wenig wie möglich von ihnen bestimmen lassen. Da wir bei der Selbstprüfung ja auch reine und »geordnete« Strebungen wahrnehmen, können wir uns in unseren Entscheidungen nach diesen ausrichten.

Können ungeordnete Strebungen aus der Seele »entfernt« werden? Die klassische spirituelle Praxis kennt ein ganzes Arsenal von asketischen Übungen, die das versuchen. Heute ist man aufgrund psychologischer Erkenntnisse gegenüber solchen Selbsterziehungsversuchen skeptisch. Und doch weiß jeder instinktiv, wie er seine ungeordneten Anteile fördern bzw. bekämpfen kann. Ignatius mahnt daher immer wieder, man solle willentlich den Versuchungen »entgegensteuern«. Vor allem sollten wir darauf vertrauen und darum beten, dass *Gott* im Laufe der Zeit Ungeordnetes aus unseren Herzen entfernt und eine wirkliche Umkehr bewirkt. Heiliger zu werden ist nicht unser Werk, sondern Gnade.

Religiöse Menschen erfahren sich als *von Gott* angenommen. Gottes Annahme geht so weit, dass er uns alles Böse vergibt. Gott nimmt nicht die Sünde an, wohl aber den Sünder! Die erfahrene Vergebung Gottes wirkt wie Balsam: Sie hilft dem Sünder, sich selbst besser anzunehmen, und heilt seine Seele an der Wurzel.

Frei sein zu

Ich bin hin- und hergerissen. Ich könnte Sprachen studieren und eine internationale Aufgabe übernehmen. Oder ich studiere Biologie und helfe als Christ, die Zukunft menschen-

würdig zu gestalten. Ich habe mich gründlich geprüft: Irgendwie Böses sehe ich bei beiden Möglichkeiten nicht. Beides wären gute Alternativen! Aber wie finde ich heraus, welche ich nun wählen soll?

Ich wollte ja schon immer ins Kloster eintreten. Nun habe ich mich verliebt. Alle Pläne sind durcheinandergeraten. Mich zog es immer leidenschaftlich zum religiösen Leben, jetzt brennt in mir etwas ganz anderes. Beides zieht unglaublich stark. Warum kann man beides nicht verbinden? Beide Möglichkeiten sind ja von Gott her gut. Wie soll ich feststellen, was Gott von mir konkret will?

Wer so empfindet und denkt, steht vor zwei echten und guten Alternativen und vor einem Dilemma. Wenn Ungeordnetes in seinem Herzen war, hat er das schon ausgeschieden. Beide Alternativen würden zu einem guten Engagement und zu persönlichem Frieden führen. Beide könnten Gottes Wille sein – offensichtlich spricht nichts dagegen! Hier gilt es, sich zwischen *gut und besser* zu entscheiden. Ignatius spricht nur in diesem Zusammenhang von »Wahl«. Sie ist wirklich *frei*, denn der Wählende *darf* ja beides wählen. Wenn er das Bessere – die Kriterien dafür sind noch zu bedenken – wählt, kann er noch *mehr* die Bestimmung seines Lebens verwirklichen.

Diese Phase des Entscheidungsprozesses nennt Ignatius in den Exerzitien »Zweite Woche«. Man übt ein, die Wahlmöglichkeiten gut zu bedenken und abzuwägen. Wichtig ist, die Alternativen und die Regungen für und gegen jede Alternative *wahrzunehmen*. Dies mag selbstverständlich erscheinen, ist aber in der Praxis nicht leicht: Vorurteile ablegen, alle Informationen wertfrei annehmen, angstfrei und offen sich der Wirklichkeit stellen, im vielleicht bangen oder begeisterten Herzen alle Gefühle und Gedanken ehrlich anschauen. Das deutsche Wort »Wahrnehmen« drückt präzise aus, um was es geht: innere und äußere Realitäten in ihrer Wahrheit nehmen.

Nach dem Wahrnehmen müssen wir *urteilen*. Hierfür gibt es formale Kriterien, aber auch inhaltliche Wertungen, die uns helfen. Als Christen stehen wir in einer geprägten geistigen Tradition, die uns Orientierung und Hilfe sein soll. Dass wir sie im Einzelfall auf unser Leben anzuwenden lernen, ist eine eigene Aufgabe. Nach Ignatius kann man Entscheidungen nicht nur und nicht immer aus allgemeinen Moralprinzipien ableiten, sondern muss auf die einmalige innere Stimme achten! Aus der Subjektivität heraus ergibt sich, was »besser« ist. Im Hören auf das Herz erlauschen wir den Willen Gottes! Im nächsten Kapitel finden sich einige Kriterien für das Urteilen.

Eine erste und vielleicht die wichtigste Hilfe für das *Freisein zu* zeigt uns Ignatius im Exerzitienbuch: Wir schauen auf Jesus. Sein Leben ist uns Vorbild und Maßstab: sein Erbarmen und seine Treue, seine Wahrhaftigkeit und sein Mut, seine Großherzigkeit und seine Liebe. Immer wieder empfiehlt Ignatius, das Leben und Wirken Jesu zu meditieren und zu studieren. Indem wir zu Jesus eine innere Beziehung aufbauen und vertiefen, »prägt« uns seine Gestalt und sein Handeln. Unser Leben bekommt Klarheit und Tiefgang.

Drei Weisen des Wählens

Zum Problem Kopf oder Herz, langwieriges Abwägen oder Intuition gibt Ignatius einige knappe, aber wichtige Hinweise (GÜ 175–177). Er unterscheidet drei Weisen des Wählens, die man zu unterschiedlichen Zeiten vollzieht.

Als erste Weise beschreibt Ignatius die unmittelbare Intuition. In einer Art plötzlichem Berufungserlebnis hat man eine direkte göttliche Erleuchtung, die unbezweifelbar klärt, was zu tun sein wird. Typisches Beispiel ist die Berufung des Saulus vor Damaskus: Ein göttlicher Blitz wirft ihn gleichsam vom Pferd, was ihn völlig verwandelt und zum Paulus macht, dem glühenden Missionar der jungen Christenheit (Apg 9,1–20). Solche Erlebnisse halten die meisten Menschen für selten und auch ein wenig seltsam. Soll man ihnen trauen? Wie kann man wissen, ob sie echt sind? Vermutlich sind Erlebnisse dieser Art häufiger, als man gemeinhin annimmt. Ignatius setzt dafür einen suchenden Menschen voraus, der mit Gott in Verbindung steht und daher für eine solche Erfahrung offen ist. Natürlich kann man diese niemals selbst herbeiführen, sie wird geschenkt: plötzlich, unerwartet und auch unverdient.

Bei sich die »Regungen« wahrzunehmen und zu unterscheiden, ist die zweite Weise des Wählens. Regungen sind vor allem Affekte: Man beobachtet sie und findet durch sie heraus, welches der richtige Weg ist. Die ignatianische »Unterscheidung der Geister« hat in dieser Wahlweise ihren Ort. Wichtig sind vor allem diejenigen Gefühle, die beim ehrlichen und nüchternen Meditieren und Durchbeten der Alternativen entstehen, denn hier kann der Geist wirken – und ebenso der Abergeist, von dem man den Geist ja »unterscheiden« will.

In die dritte Weise des Wählens tritt man ein, wenn die Regungen nicht richtig »in Gang kommen«, man also in den Gefühlen nichts oder wenig findet. Sie ist die rationale Weise des Entscheidens: Man prüft die Argumente für und gegen jede Alternative und wägt die

Gründe genau ab. Die Summe und das Gewicht der Argumente weisen auf die Lösung hin.

Für Ignatius, der bei vielen fälschlich als rationalistisch und verkopft gilt, ist die dritte, rationale Weise eher eine Notlösung. Die Erfahrung jedoch zeigt, dass das Entscheiden meist in einer Verbindung aus zweiter und dritter Weise des Wählens zustande kommt. Man prüft Gefühlsregungen *und* Argumente; man hört auf innere Zu- und Abneigungen zu den Möglichkeiten *und* prüft die Alternativen sachlich auf ihre jeweiligen Vor- und Nachteile. Beide Ebenen sollten sich ergänzen, ineinander fließen und sich gegenseitig *bestätigen*. Und schließlich ist zu hoffen – wenn auch nicht machbar –, dass wenigstens eine Ahnung von erster Wahlweise hinzukommt: ein mehr intuitives Aufblitzen einer Wahrheit, die keinen Zweifel zulässt; eine lichtvolle göttliche Eingebung, welche motiviert, begeistert und vorantreibt.

Soll man nun, wenn man vor Entscheidungen steht, selbst eine der drei Wahlweisen *wählen*? Die Antwort ist ein klares *Jein*: *Nein*, denn durch die Gunst des Augenblicks wird man in eine der Weisen »geschickt«. Manchmal geben die Gefühle klaren Rat, manchmal eher der Kopf, bisweilen kommt der Blitz vom Himmel; das gilt es anzunehmen! Außerdem neigt man je nach Persönlichkeit eher zur einen oder zur anderen Weise. *Ja*, denn man kann sich bis zu einem gewissen Grad bemühen, auch die anderen, gerade nicht »zugeschickten« Weisen zu versuchen: Wenn starke Gefühle da sind, kann man auch die Kraft des Verstandes zu nutzen suchen. Wenn der Verstand heftig arbeitet und eine klare Richtung angibt, gehe man in die Stille und schaue bewusst auch auf die Gefühle. Wenn eine plötzliche Intuition auftaucht, sollte man diese durch

Gefühle und Argumente zu ergänzen suchen; wenn sie nicht kommt, bitte man im Gebet darum, auch im Intuitiven ein Signal geschenkt zu bekommen. Dabei geht es immer um ein »auch«, denn selbstverständlich kann jede Wahlweise für sich genügen.

»Unterscheidung der Geister«

Ich bin völlig verunsichert, was ich tun soll. Eigentlich bin ich ja eine eher ängstliche Frau. Aber wenn ich ständig auf meine Ängste starre, komme ich nie zu einer Entscheidung; welche Ängste soll ich beachten, welche ignorieren? Bei meiner Alternative A empfinde ich besonders viel Vorfreude; aber wie kann ich sehen, ob das wahre Freude oder nur billiger Trost ist? Die Idee B wäre ja das Ungewöhnlichere, Aufregendere – oder ist es nur Abenteuerlust? Möglichkeit C wäre das Härtere – würde ich es nur wählen, um mir zu beweisen, wie toll ich bin? Mit diesem Projekt D würde ich sehr viel Gutes tun – aber ist das mein wahres Motiv dafür? Jenes andere Projekt E ließe sich immerhin sehr schnell verwirklichen, und ich war ja schon immer ungeduldig; oder sollte ich mich besser bremsen? Und mein alter Traum, in einen Orden einzutreten: Wäre er als »geistlicher« Weg irgendwie christlicher, radikaler, höherwertig?

»Regungen« sind oft vielfältig, widersprüchlich, wirr. Wir nehmen sie wahr, nehmen sie an und beurteilen sie. Mit einer alten Tradition nennt sie Ignatius auch »Geister«: Dieses Bild unterscheidet einen guten Geist oder Engel, der dem Suchenden Gefühle und Gedanken einflüstert, die ihn in die gute, heilsame Richtung weisen, von einem bösen Geist oder Dämon, der dem Suchenden Dinge einflüstert, die ihn – meist ohne dass er dies gleich merkt – in Unheil verstricken. Man kann auch von »Stimmen« sprechen: Sie schmeicheln oder locken, sie bestreiten oder rechtfertigen, sie ängstigen oder begeistern, sie bremsen oder treiben zur Eile, sie bewirken Lust oder Ekel, sie bringen zum Weinen oder zum Lachen, sie reden Sinn ein oder Sinnlosigkeit. Wir müssen diese Stimmen »unterscheiden«, das heißt herauszuhören versuchen, ob sie uns mit Lug und Trug zum Bösen führen oder mit lauterer Wahrheit zum Guten bewegen.

Die Fähigkeit, die Geister zu unterscheiden, nennt Ignatius »Klugheit« – so übersetzt man am besten sein spanisches Wort *discreción*. Dazu gehören die rechte Balance von Nähe und Distanz zu materiellen und geistigen Dingen, Feingefühl und Takt, Klarheit im Denken und die rechten Maßstäbe, affektive Reife und Lebenserfahrung, Nüchternheit *und* Begeisterungsfähigkeit, Verschwiegenheit (»Diskretion«) *und* ehrliches Kommunizieren. Alles, was diese Klugheit stärkt, hilft dazu, die Kunst des Entscheidens einzuüben. Wer sich selbst für wenig klug hält oder wem von anderen signalisiert wird, er gehe unklug vor – über sich selbst sollte man in solchen Fragen nur zurückhaltend urteilen –, der tut gut daran, sich bei wichtigen Entscheidungen von einem *klugen* Menschen Rat und Hilfe zu holen.

Die »Regeln der Unterscheidung der Geister« (GÜ 313–363) sind ein schwieriges Stück im Werk des Ignatius. Vorliegendes Buch ist ein Versuch, Wichtiges daraus für gegenwärtige Entscheidungssituationen fruchtbar zu machen. Vor allem die Kapitel drei, vier und sechs übertragen einige der Regeln für heute.

3. Kriterien des Entscheidens

Gibt es denn klare Kriterien, die uns, wenn wir nach ihnen Lebensentscheidungen fällen, Sicherheit geben können? Die Antwort auf diese häufig gestellte Frage kann wiederum – man mag dies bedauern – nur *Jein* sein: Ja, es gibt einige Kriterien, die zur Beurteilung einer komplexen Entscheidungssituation helfen und inhaltliche Leitlinien dafür vorgeben. Nein, diese Kriterien sind kein Mechanismus, den man nur korrekt anwenden müsste, und schon würde die sichere Entscheidung herausspringen.

Entscheidungen sind immer Verstandes- *und* Herzensangelegenheit: Man muss sich existentiell auf die konkrete, oft unbefriedigende und unklare Situation einstellen. Man muss Regungen und Argumente gewichten, was immer eine affektive, nicht begründbare Komponente haben wird. Man muss Kriterien *anwenden* – ein subjektives Moment gehört notwendig dazu. Man muss sich persönlich und in letzter Einsamkeit zu einem Ja durchringen, das nie ganz sicher oder »beherrschbar« sein wird. Man muss bereit sein, ein Risiko einzugehen.

Kriterien beruhen auf Werten und auf einem diesen zugrunde liegenden Menschenbild. Sie sind immer sozial, kulturell und religiös bestimmt. Vieles davon haben wir aus der Geschichte übernommen. In unserer pluralen Welt löst sich jedoch der verbindliche Kanon von Regeln und Werten auf, so dass sich viele Menschen desorientiert und entscheidungsunfähig fühlen. Auch unsere christlichen Werte können wir offensichtlich nicht mehr so klar begründen, dass sie von allen Menschen angenommen werden. Die Überlegungen dieses Buches orientieren sich an biblisch-christlichen Werten und gehen – nicht unbescheiden – davon aus, dass diese für *alle* Menschen die besten sind. Einige Kriterien des Entscheidens sollen im Folgenden aus christlicher, speziell ignatianischer Tradition entfaltet werden.

Das ignatianische »Mehr«

Wer sich entscheiden will, hat sich – das setzen wir nun voraus – einigermaßen *frei* (»indifferent«) gemacht. Er hat sich geprüft, ob in seinem Herzen und in seinem Verstand Antriebe sind, die ihn dazu verführen, seinen Vorteil auf Kosten anderer zu suchen. Wenn er solche wahrnimmt, wird er sich bemühen, sich von ihnen nicht bestimmen zu lassen. Er wird abweisen, was ihm diese Antriebe – die »bösen Geister« – »einflüstern«. Für seine Entscheidung hat er die Möglichkeiten, die zu Bösem führen könnten, soweit wie möglich ausgeschieden.

Nun bleiben ihm mehrere gute Alternativen zur Wahl übrig. Er will beurteilen, welche davon die *bessere* ist. In dieser Formulierung ist ein Komparativ enthalten: Was »bringt« *mehr*? Welche Alternative« ist die größere, erfüllendere, für das Gute wirksamere? In der ignatianischen Spiritualität nennt man dieses Kriterium der Wahl lateinisch das *magis* (das »Mehr«).

Natürlich hängt dieses »Mehr« von einer inhaltlichen Bestimmung ab: *Was* ist das, was man *mehr* will? *Wohin* soll das, was man wählt, *mehr* führen? Bei diesen Fragen geht es um die Ziele des Handelns, die man anstrebt. Für Christen sind diese Ziele vorgegeben: Es sind *Friede und Gerechtigkeit*, die zentralen Werte dessen, was Jesus »Reich Gottes« nannte. Nach Paulus kann man ergänzen: *Glaube, Hoffnung und Liebe* (1 Kor 13,13). Alles, was diese Werte *mehr* fördert, soll also gewählt werden. Wir können hier auch, wie schon erwähnt, auf Jesus schauen: seine Barmherzigkeit und seine Treue, seine Wahrhaftigkeit und sein Mut, seine Großherzigkeit und seine Liebe. Diese Werte sind uns erstes und wichtigstes Kriterium. Wenn man vor einer Entscheidung steht, sollte man sie sich immer wieder vor Augen führen, sie gründlich meditieren und sie durch die vertiefte Christus*beziehung* verinnerlichen. Es ist auch ratsam, für sich die Ziele nochmals persönlicher und konkreter zu definieren. Dazu können Notizen zu folgenden Fragen helfen: Was ist meine Sehnsucht? Was will ich mit meinem Leben anfangen? Wie definiere ich die Ziele meines Lebens?

Wenn man dann auf die konkrete Entscheidung zugeht, kann man sich, etwa bei zwei beruflichen Alternativen, fragen: »Bei welcher von beiden kann *ich –* mit *meinen* Begabungen und Grenzen – *mehr* dazu beitragen, dass die Welt ein Stück gerechter, friedvoller, liebevoller, barmherziger, gläubiger, hoffnungsfroher wird?« Wenn eine Frau vor der Frage steht, ob sie heiraten soll oder nicht, kann sie sich fragen: »In welcher Lebensform trage *ich* – mit meiner Lebensgeschichte, meiner Persönlichkeit, mit meinen psychischen und physischen Gaben und Grenzen – *mehr* dazu bei, dass in meinem Umfeld die Liebe und die Gerechtigkeit wachsen?« Natürlich wird man diese Fragen nicht zu schlicht beantworten: Jeder Beruf, sofern er gut und gerecht ist, wird zum Reich Gottes beitragen. In jeder Lebensform kann man intensiv die Liebe leben und der Gerechtigkeit dienen. »Objektiv« sind die Wege meist ziemlich gleichwertig! Hier geht es mehr um den subjektiven Anteil: »Was ist *mein* »Mehr«?« Andere werden dann *ihr* »Mehr« finden.

Für Ignatius ist die Unterscheidung in Ziele und Mittel wichtig: *Ziele* sind »inhaltliche« Werte. Wir wollen sie, weil sie in sich gut sind; Gott will sie, weil er für uns und für die Welt das Beste will. Sie sind uns durch die göttliche Schöpfungsordnung *vorgegeben*. Immer neu und konkret müssen wir jedoch die *Mittel* zu den Zielen *wählen*: Berufstätigkeiten, Aufgaben, Projekte, aber auch »Lebensstände« wie Ehe, Alleinleben, Ordensstand. Diese darf man nicht als Ziele anstreben, das würde ihnen einen Wert an sich beimessen, sie absolut setzen. Als Mittel soll man sie hochschätzen und pflegen und diejenigen auswählen, die hilfreicher, wirksamer, eben besser zur Erreichung der Ziele sind. Wir sind eingeladen, das größere Engagement, die größere Herausforderung und die größere Hingabe zu suchen!

Manche missverstehen das ignatianische »Mehr«: Sie verfallen in eine Mentalität des Machens, bei der sie immer *mehr* und härter und mit Druck arbeiten – um vielleicht selbst die Welt zu erlösen? Oder sie zwingen sich zu Leistungen, die ihre Kräfte überfordern, und machen sich dadurch krank. Das richtig verstandene »Mehr« spricht jedoch nur von einem *Beitrag* zu jenem Werk, das wesentlich ein Anderer vollbringt. Dieser braucht die Hände tapferer Mitstreiter und Mitstreiterinnen, aber von deren Machen hängt das Gelingen nicht ab. Auf eine mögliche Selbstüberforderung muss man gut achten und ihr rechtzeitig entgegenwirken. Gott überfordert niemanden. Deswegen soll der Mensch sich nur so engagieren, wie es seine Kräfte und Möglichkeiten zulassen. Man sollte sich immer wieder prüfen, ob man im Tun eher zum Zuviel oder zum Zuwenig neigt – das Zuviel ist derzeit weiter verbreitet.

Wenn man alles getan hat, was man tun kann, darf man sich ausruhen und die Verantwortung abgeben, auch wenn es so aussieht, als ob niemand sie übernähme.

Das erste Hauptkriterium: die größere Frucht

Ich frage mich: Welche meiner Alternativen bringt mehr Frucht? Mit welcher kann ich für mich und für meine Mitmenschen Gutes tun? Welche ist wirksamer, heilsamer, ergiebiger für mich und für andere? Aber: Wie kann ich jetzt wissen, welcher Weg in 10 oder in 30 Jahren welche Frucht bringt? Darf ich mich auf meine Vermutung verlassen? Was bedeutet überhaupt »Frucht«?

Das Kriterium der Frucht meint die im vorigen Abschnitt genannten Werte. Es ist gleichsam das »objektive« Kriterium, bei dem der Wählende sich selbst zurücknimmt und vorrangig *für andere* überlegt: Was bringt *uns allen* mehr? Es ist, wenn man so will, das selbst-lose, altruistische Kriterium. Das Christentum verlangt von uns diese Perspektive: Aus Nächstenliebe sollen wir uns *für andere* einsetzen. Wir sollen *geben*: etwas von unserem Reichtum, uns selbst.

»Frucht« meint nicht vor allem das messbare Ergebnis. »Erfolg ist keiner der Namen Gottes« – so ein bekannter Sinnspruch. Wir erliegen leicht der Versuchung, äußerliche, materielle und zählbare Ergebnisse zu hoch zu schätzen. Wir geben uns leicht »weltlichen« Werten hin: Geld, Macht, Genuss, Prestige. Der »böse Geist« versucht immer wieder, offen oder verdeckt, uns zu solchem Denken hinzuziehen und in Entscheidungen entsprechend zu beeinflussen. »Frucht« meint andere Werte: das Gemeinschaftliche; das Hintergründige und das Nachhaltige; das, was zwischen den Zeilen steht; die versteckte Schönheit, das verborgene Paradies; der kleine, aber persönliche Schritt zur Versöhnung oder zur Gerechtigkeit. »Frucht« ist eher *tief* als *viel*, eher Qualität als Quantität. »Frucht« ist nicht das, was vor allem dem Ego dessen schmeichelt, der es erarbeitet hat, sondern das, was zuerst Gott ehrt. »Die Ehre Gottes ist der lebendige Mensch« – so der Kirchenvater Irenäus von Lyon[3]. »Frucht« ist das, was *menschliches Leben* ermöglicht und aufblühen lässt.

Bei wichtigen Entscheidungen wird es keine Gewissheit geben, welche Alternative auf einem langen Lebensweg mehr Frucht bringen wird. Hier gilt es, nüchtern und demütig abzuwägen, welches *vermutlich* die bessere Alternative sein wird. Wir müssen hier nicht klüger sein, als uns möglich ist. Wenn wir unsere Alternativen gewissenhaft auf diese Frage hin geprüft haben, genügt dies. Wir sind auf den Geist angewiesen und dürfen darauf vertrauen, dass er auch wirkt, wo wir nur abwägen und vermuten können. Und wenn sich später zeigt, dass die Frucht doch geringer war als erwartet, ist das zuletzt nicht mehr unsere Verantwortung.

Das zweite Hauptkriterium: der größere Trost

Ich frage mich: Welche meiner Alternativen bringt mir mehr Freude, Frieden und Erfüllung? Bei welcher bin ich mehr ich selbst, bin identisch und mit mir zufrieden? Welche führt mich mehr in gute und lebendige Beziehungen mit mir, mit den Menschen und mit Gott? Bei welcher kann ich meine Gefühle freier fließen lassen, meine Schmerzen verarbeiten und meine Freuden verkosten? Aber: Darf ich meiner Vermutung darüber trauen, was in 10 oder 30 Jahren der Fall sein wird? Was bedeutet überhaupt »Trost«?

Auch das Kriterium des Trostes meint inhaltlich die im vorigen Abschnitt erwähnten Werte, aber jetzt mehr auf die Person angewendet, die sich entscheidet: Was bringt *ihr* mehr Friede und Gerechtigkeit, mehr Liebe und Hoffnung? Es ist gewissermaßen das »subjektive« Kriterium, bei dem die wählende Person mehr auf sich selbst und ihr Wohlergehen schaut. Es ist sozusagen selbst-orientiert, egozentrisch. Das Christentum verlangt von uns diese Perspektive, denn wir sollen *uns selbst* lieben. Wir sollen nicht nur geben, sondern auch *empfangen*.

»Trost« meint nicht so sehr den – in der Postmoderne lange vergötzten – »Spaß«, also vordergründiges Vergnügen, schnelle Lust. Natürlich dürfen wir den Spaß nicht pauschal als unchristlich verurteilen. »Trost« meint jenen Spaß, den wir eher »Freude« nennen würden, das heißt lang andauerndes, auf »Werte« gegründetes Vergnügen. Nach Ignatius (GÜ 316) meint »Trost«: Liebe zu Gott und zu den Menschen, also wirkliche Beziehung, die bewegt und erfüllt; dazu Hoffnung, Glaube und Liebe, außerdem »alle innere Freudigkeit, die zu den himmlischen Dingen hinzieht«; dies meint spirituelle Erfahrungen, Erfülltsein vom Geist, erspürte Nähe Gottes. Mit »Trost« meint Ignatius auch vergossene Tränen der Freude oder des Schmerzes, über eigenes oder fremdes Leid. Der Aspekt des Schmerzes mag verwundern. Doch wer über Schmerzen oder auch über Schuld weinen kann, ist in einem Prozess des Trauerns und der Reinigung. Solange man trauert, spürt man nur den Schmerz. Auf lange Sicht gesehen, ist das Trauern jedoch heilsam, es versöhnt, entlastet, *tröstet*.

Wer vor einer Lebensentscheidung steht, wird sich fragen, welche seiner Alternativen für ihn *lebenslang* trostreicher sein wird, in welcher er identischer und glück-licher leben wird. Auch bei dieser Perspektive kann er nur nüchtern und realistisch abwägen und vermuten und hoffen. Er kann die Antwort nicht mit letzter Sicherheit finden, sie jedoch nach Kräften suchen und schließlich entscheiden. Wenn er später Zweifel bekommt, ob richtig war, was er tat, wird er sich tröstend sagen dürfen, dass er damals alles ihm Mögliche dafür getan hat. Er wird darauf vertrauen, dass Gott auch in diesem Fall aus der Entscheidung das Beste machen wird.

Einsatz für andere oder für mich?

Wie verhalten sich nun die beiden Hauptkriterien zueinander? Sie sind ja, wenn man sie spitz versteht, widersprüchlich: Die Frucht ist ein Gut *für die anderen*, der Trost ein Gut *für den, der sich entscheidet*. Was geschieht nun, wenn beides in Konkurrenz zueinander tritt, gar zu entgegengesetzten Optionen führt? Zum Beispiel bekommt jemand eine neue Arbeitsstelle angeboten, auf der er sehr viel Gutes für andere tun kann, die aber viele Verzichte und harte Arbeit erfordert; würde er bei seiner bisherigen Arbeit bleiben, hätte er ein ruhigeres, freieres und erfüllteres Leben, würde jedoch weniger Gutes für andere tun. Wie soll er sich entscheiden?

Nun soll man beide Kriterien nicht unnötig in Konkurrenz zueinander bringen. Das Beispiel blickt eher vordergründig auf die Dinge. In der Regel bringt eine Aufgabe, die dem *Wählenden* gut tut, auch *anderen* etwas. Wer vor Entscheidungen steht, sollte so wählen, dass *er* sich wohl fühlt und Trost hat, in der Hoffnung, dass dies auch *anderen* zugute kommen wird. Der Trost und die Frucht sollen sich gegenseitig ergänzen, fördern und durchdringen. Der Trost des Wählenden wird bei anderen Frucht bringen und sie trösten; die Frucht, die er bei anderen wirkt, wird für ihn zum Trost und zur Frucht. Nur wer selbst etwas hat, kann anderen etwas geben; nur wer anderen gibt, wird von ihnen empfangen. »Egoismus« und »Altruismus« sollten sich gegenseitig aufheben. Leben und Lieben ist immer »Austausch von beiden Seiten her«, ein Empfangen *und* ein Geben (vgl. GÜ 231); diese gelingen nur gleichzeitig und wechselseitig. Auch wer – im obigen Beispiel – zunächst viel gibt und wenig bekommt, wird auf lange Sicht viel – vielleicht anderes, aber mehr – zurückbekommen.

Früher wurde in der christlichen Erziehung das Geben überbetont: Man sollte immer dienen, für andere da sein, sich demütigen, sich »aufopfern«. Viele ältere Christen haben diese Erziehung verinnerlicht. An sich selbst zu denken galt als niedrig, unmoralisch, geradezu unchristlich. Inzwischen finden wir uns in einer ich-orientierten Lebenskultur: Im immer härteren Konkurrenzkampf muss man die eigenen Bedürfnisse durchsetzen, seine Identität ausbilden, sein Leben leben. Man will sich selbst Gutes tun und sucht, was »das Eigene« ist.[4] Viele jüngere Christen sind von dieser Kultur geprägt. Ein wenig pauschal und psychologisierend wäre zu sagen: Was bei den Älteren bisweilen einen depressiven Zug hat, bekommt bei den Jüngeren eine narzisstische Schlagseite.

Christlich ist nur die Verbindung beider Pole: Nicht nur der andere ist Maßstab des Handelns, sondern auch das eigene Ich; nicht nur das eigene Wohlergehen darf im Zentrum des Denkens und Handelns stehen, sondern auch die Nöte und Bedürfnisse des Nächsten.

Man soll *den Nächsten lieben – wie sich selbst* (Lk 10,27; Lev 19,18). Die beiden Aspekte stehen nicht in Konkurrenz zueinander, sie entwerten sich nicht gegenseitig, sondern sie sind gleichwertig. Sie sollen sich ergänzen, stützen, fördern!

Karriere nach unten: Armut als Kriterium des Entscheidens?

Eine wichtige Erweiterung tut Not: »Was ihr für eines meiner geringsten Geschwister getan habt, das habt ihr mir getan« (Mt 25,40). Im Sinne des »Mehr« und des wirksameren Dienstes wird man dort beginnen, wo die Menschen am weitesten von den Gütern des Reiches Gottes entfernt sind: ganz unten. Die Armen, Kranken, Zerschlagenen, Verlassenen, Ausgebeuteten, Vergewaltigten hungern und dürsten am meisten nach Gerechtigkeit, Liebe, Frieden, Heil. Wenn wir diesen Menschen, die unschuldig – oder auch schuldig - »unten« sind, *aufhelfen*, wirken wir *mehr* Frucht und Trost. Man kann sich konkret die Frage stellen: »Setze ich mich dort ein, wo ich – mit *meinen* Kräften und Begabungen – menschliches Leid lindern kann?« Natürlich soll nicht jeder Christ Sozialarbeiter oder Entwicklungshelfer werden. Aber jeder Christ sollte sich, soweit er dafür frei ist, bei der Wahl eines Berufs, eines Engagements oder eines Lebensstils die unbequeme Frage gefallen lassen, ob sein Einsatz vor allem das Wohl der Reichen und Glücklichen steigert oder ob er auch in irgendeiner Form den Benachteiligten nützt.

Jesus Christus zeigte es uns: Er wurde ein armer Mensch. Der Gottessohn erniedrigte sich bis zur Krippe von Bethlehem und weiter bis zum Kreuz von Golgota. Er pries die Armen selig, weil für sie in besonderer Weise das Himmelreich bestimmt ist. Er wandte sich den Bedürftigen seiner Zeit zu, den Blinden und Aussätzigen, den kleinen Leuten, den Kindern, den Witwen und denen, die unter die Räuber gefallen waren. Am Ende wurde er selbst, obwohl unschuldig, wie ein Verbrecher hingerichtet. Er identifizierte und solidarisierte sich mit den Geringsten. Aus diesem Grund können wir ihn, wie er in Mt 25,40 sagt, in den Geringsten unserer Zeit wiedererkennen.

Auch Ignatius diente den Armen seiner Zeit. Er kümmerte sich um Bettler und Kranke und ging mit seinen Gefährten in die Siechenhäuser zu Pflegediensten. Er ließ im kalten römischen Hungerwinter von 1538/39 Bedürftige in die Ordenshäuser aufnehmen und gründete ein Haus für die Resozialisierung von Prostituierten.

Nun stellt sich aber spontan die Frage: Sollen wir also bei unseren Entscheidungen den schwereren und verzichtvolleren Dienst *suchen*? Sollen wir unser »Kreuz« in dem Sinn tragen, dass wir es für das »Mehr« halten und es folglich anstreben? Ist das Kreuztragen also ein Kriterium für Entscheidungen? Diesmal gibt es eine eindeutige Antwort: *Nein*. Ignatius spricht zwar oft vom Kreuz, aber nicht, wenn es um Entscheidungen geht. Man soll das Kreuz nicht »wählen«. Als Kriterien für das Wählen genügt vollständig, was oben genannt wurde: die Frucht und der Trost, also – sozusagen positive – *Werte*. Verzicht oder Schmerz soll man nicht wählen, denn sie sind keine Werte. Auch in dieser Frage können wir auf Jesus schauen: Im Garten Getsemani (Lk 22,42) bat er den Vater, den Kelch des Leidens an ihm vorübergehen zu lassen. Auch Jesus hat das Kreuz nicht angestrebt, gesucht, sondern »nur« angenommen.

Damit zeigt uns Jesus die richtige Haltung zum Kreuz: Wir sollen bereit sein, es zu tragen, *wenn der Vater es so will.* Wann und warum will es der Vater? Am Karfreitag wollte er es von Jesus, weil – so deuten wir das Geschehen jener Tage – nur so die Menschheit vom Bösen erlöst werden konnte. Offensichtlich musste jemand das Leid »tragen«, d.h. aushalten, durchleiden, ausleiden, damit letztlich wegtragen, vernichten …; Jesus nahm diesen Dienst *für uns* auf sich, wir Menschen können durch ihn *einander* helfen. Wird nun der Vater auch von uns ein Kreuz wollen? Ja: wenn und soweit es für einen größeren Dienst, um eines »Mehr« willen notwendig ist. Von uns her sollen wir nur *bereit* sein, es *anzunehmen*; Ignatius spricht immer wieder von der *Disponibilität* (Verfügbarkeit), ein anderes Wort für die früher erwähnte Haltung der Indifferenz. Sie zu leben ist wahrhaftig schwer genug.

Einige Beispiele: Eine Schwangere entscheidet sich, ihr behindertes Kind auszutragen und selbst aufzuziehen – eine persönliche Einschränkung, die sie für ihr Kind, dessen Wohl sie als das größere Gut erkennt, annimmt. Ein Arzt, der ledig und bei guter Gesundheit ist, entscheidet sich, nach einem Krieg in einer verwüsteten Region Aufbauarbeit zu leisten, obwohl er dabei nichts verdient und außerdem riskiert, sich gefährliche Infektionen zu holen. Eine Frau – oder erst recht ein Mann – verzichtet auf einen Karrieresprung, weil ihr bzw. ihm die Familie wichtiger ist. Ein Ordenspriester ist bereit, einen im Slum von Bogota/Kolumbien ermordeten Mitbruder zu ersetzen, obwohl er um die Gefahr für sein Leben weiß; aber der Dienst an den Armen ist ihm wichtiger. Eine ältere, noch rüstige Dame geht, obwohl es sie immer wieder Überwindung kostet, jeden Nachmittag in ein Pflegeheim, um schwerkranke und einsame Menschen zu besuchen.

In solchen Fällen verzichten Menschen um eines größeren, sozialen Gutes willen auf ein persönliches Gut. Sie streben den Verzicht nicht an, nehmen ihn aber, weil er für das Werk sinnvoll und notwendig ist, in Kauf. Was motiviert sie dazu, was ist ihr *Ziel*? Es ist wohl – ganz einfach und ganz christlich – die *Liebe zu den Bedürftigen und Armen*, die hier – wenn man das ein wenig großartig sagen mag – eine »Karriere nach unten«, eine Liebe zum Verzicht und zur Hingabe, ja zum Kreuz einschließt. Und doch lieben sie das Kreuz nicht um des Kreuzes willen, sondern weil das Kreuztragen, eben als *Mittel*, einen Sinn hat: Es lindert die Not der Bedürftigen und Zerschlagenen, hilft ihnen auf, heilt sie, rettet sie.

Verzichten diese Menschen damit doch um einer »Frucht« willen auf ihren »Trost«? Die Antwort ist wieder *Jein*: Zunächst müssen sie um der Bedürftigen willen in der Tat eine persönliche Befriedigung oder Sicherheit loslassen. Und doch bekommt, wer gibt, immer auch zurück: eine wichtige Begegnung, Freude und Trost, neue Frucht. Er übernimmt seinen Dienst jedoch gerade nicht darum, dass er etwas zurückbekommt – diese Perspektive verschwindet immer mehr –, sondern ausschließlich um des anderen, bedürftigen Menschen willen! Und wenn in diesem Leben manches unerfüllt bleibt, so glauben und hoffen wir, dass im neuen Leben alle – die Armen zuerst – in die Fülle Gottes eingehen werden. Diese letzte Perspektive macht den Dienst für Arme und Notleidende auch dann sinnvoll, wenn irdisch die Armut und Trostlosigkeit unbesiegbar zu sein scheint.

4. Methoden des Entscheidens

Nun habe ich Kriterien des Entscheidens. Ich habe sie eini-germaßen verstanden, durchdacht und für mich konkretisiert. Aber das alles sind schöne Gedanken. Immer noch bin ich hin- und hergerissen. Wie komme ich nun in meiner kon-kreten Frage zur Entscheidung? Was hilft mir, die kompli-zierte Situation und meine wirre Gefühlslage zu durch-schauen? Wie komme ich zu einer Festlegung, ohne dass ich später wieder hundertmal zu zweifeln beginne? Irgendwie will ich immer noch alles. Ich habe Angst vor der jetzt fälli-gen Entscheidung, weil ich nichts aufgeben möchte. Und ich habe Angst davor, in zehn Jahren feststellen zu müssen: Die Entscheidung war falsch.

Endgültige Sicherheit darüber, dass man richtig ent-scheidet, gibt es nicht. Doch kann man das verblei-bende Risiko annehmen und das Entscheiden selbst offensiv und kreativ angehen. Die folgenden »Metho-den« sind bewusst gewählte Handlungsweisen, die zur Entscheidung helfen sollen. Wie im sonstigen Leben sind Methoden nicht automatisch wirkende Erfolgs-mittel. Sie bringen nur Hilfe, wenn sie mit Gespür und Geduld auf die aktuelle persönliche Situation übertra-gen und angewendet werden. Ein erfahrener Berater oder eine gute Begleiterin kann helfen, klug einzelne Schritte des Entscheidens zu gehen.

Still werden und beten

Große geistliche Meister gingen vor ihrem öffentli-chen Wirken zumindest für einige Wochen, manche für Jahre, in die Wüste oder an andere einsame Orte:

Charles de Foucault, Ignatius von Loyola, Franz von Assisi, Paulus, auch Jesus. Ohne wenigstens ein kleines Element der Unterbrechung und des Aussetzens, des Rückzugs und der Stille ist gutes Entscheiden – und damit Veränderung! – wohl nicht möglich. Wenn man ins Schweigen geht, wird das Innere lebendig; man wird sensibler und offener für die Zwischentöne, für die Dinge hinter den Dingen, für die sonst nicht erkannten Antriebe, Motive und Kräfte. Wer immer redet und schafft, hört nie zu. Wenn wir den Lärm und Betrieb des Alltags abschalten und schweigen, werden wir zu aufmerksamen und hörenden Menschen.

Natürlich treten in der Stille auch dunkle Dinge ins Bewusstsein: Ängste, ungeordnete Gedanken und Triebe, Verletzungen, Schuldgefühle, wirre Phantasien, Chaotisches, Belastendes aus der Lebensgeschichte. Dies wird zunächst eine Entscheidung erschweren, aber wir müssen alles zulassen und anschauen, um Klarheit zu bekommen. Wenn wir es »unter dem Teppich« lassen, kehrt es auf andere Weise zurück und bestimmt negativ unser Verhalten, meist ohne dass uns dies bewusst wird. Wenn die Belastungen sehr gewichtig sind, kann uns professionelle psychologische Hilfe anleiten, klug mit ihnen umzugehen.

Hilfreich ist, sich täglich eine feste stille Zeit einzurichten, auch wenn es Disziplin und Organisation braucht, dies durchzutragen. Wichtig ist ein abendlicher Tagesrückblick. Viele Menschen nehmen sich darüber hinaus monatlich einen »Wüstentag«. Vor wichtigen Entscheidungen können auch mehrere stille Tage oder eine Woche ratsam sein: in einem Kloster, bei einem Meditations- oder Exerzitienkurs. Wie kann man nun die stillen Zeiten fruchtbar machen? Hierzu gibt es viele Anleitungen und Ratgeber. Die folgenden

Hinweise stammen aus ignatianischer Tradition und sind auf Entscheidungssituationen ausgerichtet.

Im Tagesrückblick kann ich, wenn ich vor Entscheidungen stehe, besonders auf meine Gefühle in Bezug auf die zu treffende Wahl achten: Was lockt und begeistert mich, was lähmt und blockiert mich? Was hindert mich, die Wirklichkeit ehrlich anzuschauen? Sind meine Ängste begründet oder nicht? Welche Motive treiben mich an? Gibt es auch solche, die ich nicht mag? Was bindet mich, engt mich ein? Was könnte mir helfen, freier zu werden? Lasse ich mich zu sehr durch Gefühle bestimmen – oder zu wenig? Neige ich zu Rationalisierungen oder zu Rechtfertigungen, mit denen ich mir etwas einrede oder etwas verdränge? Lasse ich mich zu sehr durch die Meinung der Leute bestimmen? Was ist meine Sehnsucht?

Wer bewusst christlich entscheiden will, sollte seine Fragen nicht nur wahrnehmen und reflektierend bedenken, sondern sie auch ins Gebet bringen, d.h. sie in stillen Zeiten Gott *erzählen*. Wir können Gott nichts vormachen, und wir brauchen ihm nichts vorzumachen. Ganz ehrlich sollen wir ihm unsere innersten, intimsten Regungen hinhalten, auch solche, die uns selbst ärgern oder beschämen. Das Gespräch mit Gott darf direkt sein, lebendig, auch streitend, fragend, klagend. Vielen Menschen fällt es leicht, mit »negativen« Erlebnissen zu beten; wenn es ihnen jedoch gut geht, vergessen sie Gott recht schnell. Wir sollten bewusst Gott auch für Gutes danken, ihn loben und preisen. Dann wird unser Leben freier, zufriedener, freudiger. Wer vor Entscheidungen steht, sollte mit Gott besprechen, was ihn bewegt: Sehnsüchte und Zweifel, Hoffnungen und Ängste, das Hin- und Hergerissensein, Druck und Unlust, Vorfreude und Begeisterung. Das Gebet verändert nichts an der konkreten Situation oder an den Sachzwängen, man wird auch kaum mit einem direkten Eingreifen Gottes rechnen, aber das Gebet verändert den Beter selbst: Er wird offener und freier; er kann mit Blick auf Gott leichter auf eine Alternative und ihre Reize verzichten; er lernt, die Wirklichkeit mit dem, was an ihr unausweichlich ist, anzunehmen; er lässt sich weniger leicht von lähmenden Stimmungen überwältigen; er wird dankbar für alles, was in seiner Wahl gut ist.

Vor Entscheidungen kann man mit geeigneten Bibeltexten beten[5]: Man betrachtet ausführlich ihre Szenen und Bilder, findet Züge des eigenen Lebens in Gestalten und Ereignissen der Bibel wieder, lässt sich durch die darin enthaltene Botschaft anregen, herausfordern, trösten. Das Leben Jesu, geschildert in den Evangelien, ist uns vor Entscheidungen besonders nahe: Wie Jesus sich verhielt, was er lehrte, wie er mit Menschen umging, wie er Barmherzigkeit und Liebe lebte, das wird uns zur Richtschnur für eigenes Verhalten. Die im Gebet vertiefte Beziehung zu Christus verändert und öffnet uns. Durch das Betrachten der Schrift wird das Beten, ähnlich wie durch den Tagesrückblick, direkter, farbiger und lebendiger.

Vor wichtigen Entscheidungen können Exerzitien[6] hilfreich sein: Man zieht sich in die Stille eines Klosters oder Exerzitienhauses zurück, meist für fünf oder acht Tage. Unter Anleitung betrachtet und betet man intensiv, vorwiegend mit Texten der Bibel. Ein Begleiter oder eine Begleiterin gibt in Einzelgesprächen methodische Hilfe und persönlichen Rat für alle anstehenden Fragen. Der Abstand zum Alltag hilft zur distanzierten Reflexion, die Stille zur vertieften Wahrnehmung, das Schweigen zum persönlichen Beten. Wenn die Exerzitien nach ignatianischer Methode gehalten werden, sind sie speziell auf Entscheidungen ausgerichtet, welche dann im Glauben und im Gespräch mit Gott gefällt werden. Natürlich ist ein Exerzitienkurs keine Methode, die bei korrekter Anwendung sicher zum Ergebnis führt, aber sie kann, je nach der Situation dessen, der Exerzitien macht, Schritte zur Klärung ermöglichen.

Freier werden

Wie kann man nun jene Haltung der inneren Freiheit und Offenheit stärken, die oben als »Indifferenz« beschrieben wurde? Um freier zu werden, sollten wir uns von solchen Ängsten, die uns binden und blockieren, soweit möglich nicht bestimmen lassen; ebenso wenig von Besitztümern, Gewohnheiten, Ritualen und Fixierungen, an denen wir hängen und die wir »unbedingt« zu brauchen meinen, die uns aber vor allem unfrei machen. Auch ist man im Entscheiden dann freier, wenn man *mehrere* Möglichkeiten hat, die alle als einigermaßen sinnvoll, fruchtbringend und deswegen tatsächlich wählbar erscheinen – auch wenn sie für den Wählenden selbst unterschiedliche Grade an Erfüllung und Trost (»Reichtum oder Armut, Gesundheit oder Krankheit ...«, GÜ 23) bieten mögen. Nur wer zwischen mehreren in sich guten Alternativen die bessere sucht, wählt frei; wer sich zwischen einer guten und einer schlechten entscheidet, wählt nicht frei, denn die schlechte ist ja keine wirkliche Alternative. Wer mehrere Alternativen als gut wahrnehmen will, muss sich dafür eventuell in einem inneren Akt nochmals frei machen: von schnellen Schwarz-Weiß-Malereien oder Vorurteilen, von irrealen Ängsten oder überhöhten Erwartungen, von »ungeordneten Regungen«, von schlechten äußeren oder inneren Einflüssen.

Als Schriftbetrachtung nehme man die Geschichte vom reichen Mann (Lk 18,18–27): *Er will **mehr** tun als das, was damals als religiös-bürgerlich korrekt galt, nämlich die Zehn Gebote zu beachten. Jesus weist ihn an, seine Besitztümer zu verkaufen. Aber er schafft das nicht und geht traurig weg. Ich kann prüfen, ob und welche Besitztümer ich aufgeben sollte, um für die Entscheidung freier zu werden: Materielles, Gaben und Fertigkeiten, Erinnerungen und Erlebnisse, Befriedigungen und Beziehungen, den äußeren Erfolg und den Stolz darauf. Diese »Dinge« sind in sich nicht wertlos oder schlecht, im Gegenteil! Aber wenn sie mich binden und von den »Dingen«, die anderen helfen, abhalten, machen sie mich unfrei. Ich kann um größere Freiheit beten.*

Oder man betrachtet die Erzählung von der Witwe im Tempel (Lk 21,1–4): *Die Reichen geben nur »etwas von ihrem Überfluss«, die arme Witwe legt mit ihren zwei Münzen »ihr ganzes Leben« (so wörtlich der griechische Text) in den Opferstock. Ich kann mich fragen, ob und wie bei der anstehenden Entscheidung mein »ganzes Leben« betroffen und gefordert ist; ob ich bereit bin, ein Risiko einzugehen, mich ganz einzusetzen, mich ganz zu geben. Wenn ich Bedenken habe, kann ich diese Gott übergeben und um größere Freiheit bitten. Ähnlich kann ich die Szene der Verkündigung des Herrn (Lk 1,26–38) betrachten: Das Wort Marias »Ich bin die Magd des Herrn; mir geschehe, wie du es gesagt hast« drückt Offenheit und Verfügbarkeit aus. Obwohl Maria vermutlich das Gewicht der Worte des Engels nicht begriffen hat, ist sie bereit, Gott an sich und durch sich an den Menschen wirken zu lassen.*

Ein bewegender Schrifttext sind die Seligpreisungen (Mt 5,3–12): *Wer arm ist und sanftmütig, friedfertig* und barmherzig, wer hungert und dürstet nach Gerechtigkeit, wer gar um seines Glaubens willen verfolgt wird, der ist frei und »selig«: Er erwartet alle Erfüllung von Gott, er lässt sich von ihm beschenken und senden. Seine Seligkeit besteht nicht darin, dass er bedürftig ist, sondern darin, dass er frei und offen ist und deswegen von Gott reich beschenkt werden kann.

Wer zwischen zwei guten Alternativen wählen möchte, ist meist zu beiden hingezogen. Wenn er eine wählt, muss er *die andere betrauern*. Diese Trauerarbeit wird oft nicht geleistet. Ohne sie *hängt* man später noch allzu lange an dem, was man losgelassen hat. Und man kann das Gewählte nie wirklich genießen. Man kehrt in der Phantasie immer wieder zu dem zurück, was man als verpasste Chance weiter begehrt. Man macht sich Vorwürfe, die Entscheidung doch falsch getroffen zu haben. Man bleibt unzufrieden, also unruhig, ohne inneren Frieden.

Ein Letztes hierzu: Wer sich entscheidet, braucht den Mut, zu *einer* Sache ja zu sagen. Aber seine Sehnsucht wird immer ungestillt bleiben, denn er will mehr haben: auch die anderen Alternativen, letztlich *alles*. Diese Sehnsucht ist auf Erden nicht erfüllbar. Es ist die Sehnsucht nach dem Himmel, die uns Menschen – wir sind Abbild Gottes! – tief ins Herz eingesenkt ist. Wer sich entscheidet, sagt ja zu einem *Teil*, einem *Fragment* dessen, was er ersehnt. Wir müssen lernen, mit Wenigem zufrieden zu sein. Wenn wir dieses Wenige frei und aus vollem Herzen *leben*, kann im Fragment das Ganze schon aufleuchten und wir erahnen den Himmel. Dennoch bleibt eine Leere zurück, eine letzte Unerfülltheit. Der Verzicht ist ein schmerzliches inneres Sterben. Es zu akzeptieren und zu durchleiden befreit zu wirklich menschlichem Leben.

Übungen der Phantasie

Zunächst kann man in der Schrift nachlesen, wie Jesus in seinen Gefährtenkreis Jünger beruft, etwa Mk 1,16–20 oder Joh 1,35–51; oder man liest die österliche Berufung der Maria von Magdala: Joh 20,11–18. Auch alttestamentliche Erzählungen können bewegen und anregen, etwa Abrahams Auszug: Gen 12,1–5; Mose am Dornbusch: Ex 3,1–15; Gideons Berufung: Ri 6,11–24; die Vision Jesajas: Jes 6,1–13; die Beauftragung des jungen Jeremia: Jer 1,4–10. Jede dieser Geschichten hat eine andere Färbung und zeigt andere Gesichtspunkte auf. Manche erscheinen archaisch, fremdartig. Doch in allen werden Menschen von Gott berührt, beansprucht und beauftragt. Wer vor einer Entscheidungsfrage steht, kann sie im Licht einer dieser Geschichten sehen. In der Phantasie kann er sich ausmalen, wie Gott *ihn* berührt und anspricht und beauftragt. Er kann seine Alternativen Gott vorlegen, alle Gefühle und Gedanken kommen lassen und Gott fragen, welche mehr Trost und mehr Frucht bringen wird. Er kann Gott um ein Signal bitten: Dieses mag eine starke innere Hinneigung zu einer der Alternativen sein oder ein Tipp von außen, eine plötzliche argumentative Klärung oder eine intuitive Einsicht, ein treffendes Wort einer Freundin oder eine Erkenntnis in der Stille, die innere oder eine äußere Stimme. So sollte man sich beim Nachsinnen und Beten öffnen, dass man verschiedene Signale hören kann.

Eine Phantasieübung zu zwei Alternativen der Entscheidung könnte sein: *Ich betrachte zunächst eine der Alternativen und male mir aus, wohin diese mich führt. Ich »inszeniere« vor meinem inneren Auge möglichst realistisch den Schauplatz dieses zukünftigen Lebens: meine Tätigkeit, meine Beziehungen, die Orte dieses Lebens, meine Freizeit … Ich frage mich: Wo stehe ich bei dieser Alternative in einem Jahr, wo in drei, wo in zehn Jahren? Ich kann mir für jedes dieser Jahre einen möglichen Tagesablauf ausmalen. Wenn ein Ort noch unabsehbar ist, stelle ich mir einfach mehrere Situationen vor. Ich betrachte diese Alternative grundsätzlich optimistisch, so als ob ich sicher darin Erfüllung und Frucht finden werde. Wenn negative Bilder kommen oder Ängste, Hindernisse usw., betrachte ich auch diese ruhig. Alles, was mir kommt, kann ich offen wahrnehmen, liebevoll anschauen und ins Gebet bringen. Ich frage mich, ob ich aus Liebe wähle und ob ich in dieser Wahl Trost finden und Frucht bringen werde. Was mir an Gedanken und Gefühlen kommt, notiere ich auf ein Blatt Papier, eventuell in zwei Spalten, eine mit Pro, eine mit Contra zu dieser Alternative.*

Bei diesem ersten Teil der Übung bleibt man längere Zeit, mindestens eine Stunde. Im Alltag kann man auch einen Tag oder eine Woche damit »schwanger gehen« und immer wieder in freien Zeiten die Angelegenheit erwägen.

Wenn man damit zu einem gewissen Abschluss gekommen ist, macht man in einem zweiten Teil dasselbe mit der anderen Alternative: *Auch diese Möglichkeit inszeniere ich vor meinem inneren Auge, wieder mit einem liebevollen, optimistischen Blick und möglichst realistisch. Auch hier frage ich: Was ist in einem Jahr, was in drei Jahren, was in zehn? Wieder notiere ich Gedanken und Gefühle, auch die unangenehmen. Ich frage nach meinen Motiven und nach Trost und Frucht. Wieder bete ich mit allem, was mir kommt.*

Für den zweiten Teil der Übung nimmt man sich genauso viel Zeit wie für den ersten. Man soll nicht zwischen einem Teil und dem anderen oder einer Phantasie und der anderen hin- und herspringen, sondern die beiden Teile trennen. Zu frühes Vergleichen beider Alternativen ist wenig hilfreich. Nur wenn man beide Möglichkeiten als realisierbare Alternativen *wertschätzen* lernt, kann man zwischen gut und besser entscheiden. Wenn eine Alternative konkret und fassbar, die andere eher vage und ungewiss ist, so soll man dem nicht zu viel Bedeutung zumessen und in der Phantasie manches Fehlende ergänzen. Nach Abschluss beider Übungsteile kann man die Notizen anschauen und vorsichtig beide Möglichkeiten vergleichen. Irrationales, z.B. allzu Angstvolles oder allzu Enthusiastisches, auch allzu Egoistisches sollte man zurückstellen. Auch bei den Gedanken kann man Übertriebenes – krampfhafte Rechtfertigungen, einseitige Rationalisierungen – entlarven und beiseite legen. Ein Begleiter kann beim »Unterscheiden« wichtige Hilfe leisten! Kriterium der Entscheidung wird das im vorigen Kapitel Ausgeführte sein: *Bei welcher Alternative erwarte ich ein Mehr an Trost und Frucht?*

Diese Übung verhilft oft zu unerwarteten Einsichten über die vorhandenen Möglichkeiten. Sie baut Ängste und Vorurteile ab und hilft zu einer neutralen und gerechten Wertung. Sie ermöglicht, die angebotenen Alternativen besser nach den erwähnten Kriterien zu beurteilen. Das Gebet lässt uns die Wirklichkeit mit den Augen Gottes schauen und gibt uns Orientierung. Oft hilft die Übung, die Entscheidungssituation zu klären. Eventuell wird man die Übung wiederholen.

Eine ergänzende Übung könnte sein: *Ich betrachte nochmals die erste Alternative. Dabei richte ich mein Augenmerk auf alles, was ich gegenüber der anderen Alternative nicht haben werde. Ich betrachte also meine Verzichte und male sie mir realistisch und durchaus drastisch aus. Vielleicht werde ich dabei traurig, spüre Verlustangst. Ich halte diese Trauer und diese Angst aus. Ich möchte über das Verlorene weinen. Ich lehne billige Ersatztröstungen ab und übergebe das Verlorene Gott. Aus Liebe zum Gewählten akzeptiere ich die damit verbundene Leere und ungestillte Sehnsucht. Ich fasse Vertrauen, dass ich den Verlust ertragen kann und gut ertragen werde. Ich weiß, dass ich anderes und größeres bekommen werde.*

Auch diese Übung macht man zuerst für die eine, danach für die andere Alternative. Wieder notiert man Gedanken und Gefühle. Danach kann man vergleichen. Wer gut trauern kann, wird spüren, dass die Verluste leichter, das heißt weniger trostlos sein werden, als er sie sich vorher in der Phantasie, die ja oft von Ängsten verzerrt wird, ausmalte. Wer das Nein zu *einem* durchlitten hat, sagt besser ja zum *anderen.* Die Verluste sind keine Kriterien der Wahl, denn das sollen nur die »positiven« Güter sein, die man durch die Wahl erwirbt oder zu erwerben hofft. Und doch hilft diese Übung, sich zu einer Entscheidung durchzuringen.

Ignatius schlägt zwei weitere Phantasieübungen vor; sie seien im Original zitiert: *»Einen Menschen anschauen, den ich nie gesehen noch gekannt habe, und, indem nun ich seine ganze Vollkommenheit wünsche, erwägen, was ich selbst ihm sagen würde, das er zur größeren Ehre Gottes unseres Herrn und zur größeren Vollkommenheit seiner Seele tun und erwählen solle. Und indem ich es ebenso mache, die Regel einhalten, die ich für den anderen aufstelle«* (GÜ 185). Die »Ehre Gottes« entspricht bei Ignatius etwa dem, was in diesem Buch »Frucht« genannt wird, die »Vollkommenheit seiner Seele« dem, was hier »Trost« heißt. Indem man nun übungsweise die Entscheidung nicht für sich selbst fällt, sondern sie in der Phantasie als Rat einem anderen, unbekannten Menschen gibt, distanziert man sich von ihr, so dass sie »objektiver« wird, weniger von momentanen subjektiven Stimmungen abhängig, seien diese positiv oder negativ.

Die zweite ignatianische Übung ist: *»Als wäre ich in meiner Todesstunde, die Form und das Maß erwägen, die ich dann in der Weise der gegenwärtigen Wahl eingehalten haben wollte. Und indem ich mich nach jener richte, soll ich in allem meinen Entschluss treffen«* (GÜ 186). Gemeint ist jene erhoffte Todesstunde, in der man in hohem Alter ein erfülltes Leben in die Hand Gottes zurückgibt. Man fragt sich also, wie man zu jenem Zeitpunkt gern rückschauend sein Leben verbracht oder wie man sich dann gern Jahrzehnte vorher, als diese Entscheidung fällig war, für den weiteren Verlauf des Lebens entschieden hätte. Wer sich unmittelbar auf den Tod vorbereitet, muss alles, was er im Leben hatte, loslassen! Wer alles loslässt, bekommt den Blick frei für das, was wirklich wichtig ist. Die Übung, so außergewöhnlich sie scheinen mag, hilft zu mehr Freiheit im Wahrnehmen und im Entscheiden. Sie setzt wohl einen großen Glauben voraus, nach welchem der Mensch im Tod in Gott eingeht und dort erhält, was er ersehnt hat. Daher fordert die Übung unseren Glauben heraus: Wer glaubt, kann in größerer Freiheit und grundsätzlich vertrauensvoll auch die durch die Entscheidung übernommenen Verzichte akzeptieren. Wer solchen Glauben – vielleicht schmerzlich – vermisst, kann sich um ihn bemühen und ihn erbitten.

5. Schwierigkeiten des Entscheidens

Nun erscheinen diese Kriterien und Methoden – so werden manche einwenden – zwar recht einsichtig und klug, aber bisweilen gibt es Konstellationen, die durch diese idealistischen Hinweise nicht erfasst werden. Beispielsweise hat man oft nicht zwei oder mehr gute Alternativen, zwischen denen man frei wählen könnte. Oder man ist persönlich im Entscheiden durch Umstände blockiert, die nicht aus der Welt zu schaffen sind. Schwierigkeiten sind häufig, vielleicht sogar die Regel. Einige von ihnen sollen in diesem Kapitel bedacht werden, auch wenn in der Buchform alles vereinfacht werden muss. Die Realität ist immer nochmals bunter und komplexer, vielleicht mühsamer, aber auch reicher. Oft wird man für individuelle Situationen pragmatische Lösungen suchen müssen, die originell sein können, auch unorthodox, meist eher bescheiden, nach Möglichkeit einfach.

Revision früherer Entscheidungen?

Eine verheiratete Frau berichtet: *Seit funfzehn Jahren kenne ich meinen Mann, vor zehn Jahren heirateten wir. Damals war das für mich die große Liebe. Jetzt ist die Ehe tot. Wir reden kaum mehr miteinander, haben uns innerlich entfremdet. Unsere beiden Kinder sind süß; halten nur sie uns noch zusammen? Mein Mann verwirklicht sich in der Arbeit, während ich frustriert zu Hause sitze. Ich möchte schon länger mein Gefängnis verlassen und denke jetzt ernsthaft an Trennung. Darf ich aber mein Eheversprechen einfach lösen? Was wird aus den Kindern? Alle Welt trennt sich, aber deswegen ist das ja nicht immer richtig. Wenn andererseits für die Kirche die Scheidung einfach nicht existiert, hilft mir das noch weniger. Gibt es Kriterien für diese neue Entscheidung? Was hilft mir in meiner Zerrissenheit? Kann ich jetzt einfach eine zweite, bessere Lebensentscheidung treffen?*

Ähnliche Situationen gibt es bei Priestern und Ordensleuten, die in eine Krise geraten sind und aus ihrem Beruf ausscheiden wollen; oder bei Frauen und Männern, die nach einigen Jahren des Berufslebens feststellen, dass sie falsch gewählt haben. Solche Situationen sind meist komplex. Man muss den Einzelfall sehen und behutsam nach Lösungen suchen, die fast immer schmerzhaft sein werden. Oft verschleppt man über Jahre das Problem, um das früher Gewählte und mühsam Erreichte doch noch zu retten und das Scheitern zu vermeiden. Irgendwann ist dann der Leidensdruck so groß, dass eine Entscheidung unumgänglich ist. Mit Schuldanalysen oder Schuldzuweisungen kommt man nicht weiter. Man muss nüchtern sehen, dass in der Regel alle Beteiligten ihren größeren oder geringeren schuldhaften Anteil an der verfahrenen Situation haben. Wenn man dies ehrlich eingesteht, ist es Zeit, nach vorne zu blicken und eine Lösung zu suchen.

Ignatius war bei solchen Problemen sehr streng (vgl. GÜ 172): Eine getroffene endgültige Lebensentscheidung darf man nicht revidieren. Man soll in ihr verharren, das Leid ertragen und das Bestmögliche aus der Situation machen. Aus verschiedenen Gründen ist in unserer Zeit diese unbedingte Haltung nicht mehr vertretbar. Es gibt Situationen, in denen Trennung und Neuorientierung die bessere oder zumindest die weniger schlechte Lösung ist. Vielleicht sollte man nicht gleich sagen, dass man nun eine neue Lebensentscheidung trifft, sondern einfacher und demütiger, dass man die frühere als falsch beurteilt und zurücknimmt. Den Bruch und den Schmerz wird man so leichter akzeptieren und durchleiden. Was können Kriterien dafür sein, ob und wann eine solche Revision der früheren Entscheidung notwendig und sinnvoll ist?

Wenn in der bestehenden Bindung auf *längere* Sicht kein Trost und keine Frucht mehr liegen, nur Leid; wenn bei der früheren Entscheidung erkennbar ein Fehler gemacht wurde, den man sich eingesteht und bei der nächsten Entscheidung nicht wiederholen würde; wenn die Konsequenzen für das Umfeld – das Leiden der Kinder, der Vertrauensbruch zu Freunden … – sehr genau bedacht sind und der Schaden der Trennung nicht größer ist als ihr Nutzen; wenn man die Geister in dem Sinn unterschieden hat, dass man sich auf subtilen Narzissmus oder andere Formen des Egoismus ehrlich und demütig geprüft hat; wenn also alle diese Umstände zusammentreffen, dann ist eine Trennung wohl nicht mehr vermeidbar und – im Wortsinn – notwendig. Als Grundsatz gilt: Die frühere Bindung – vor allem dann, wenn sie eine enge menschliche Beziehung und/oder ein Sakrament ist – hat Priorität; *für* die Trennung müssen daher Gründe sprechen, die so gewichtig sind, dass sie diese hohe Priorität überwiegen.

Nach einer Trennung ist es meist klüger, sich nicht sofort neu binden. Die Seele braucht Zeit – oft Jahre –, um die Trennung zu verarbeiten, sich auch innerlich zu lösen und sich neu zu orientieren. Man soll die beiden Prozesse auch zeitlich trennen: die Loslösung vom Alten und die nächste definitive Bindung an Neues. Wer sich zu schnell neu bindet, geht Risiken ein, z.B.

kann er im Entscheiden unbedacht alte Fehler wiederholen. Oder er gebraucht die neue Bindung zur Flucht aus dem Trennungsschmerz, so dass er das Neue aus sekundären Motiven wählt. Kirchlich gebundene Menschen haben nach einer Trennung – Scheidung, Aufgabe des Priesteramtes – und eventuellen Neubindung oft das Problem, dass ihnen das Kirchenrecht nur einen unbefriedigenden Rahmen für ein aktives Leben in der Kirche bietet. Wird es hier auf Dauer bei den üblichen, rein pragmatischen Lösungen bleiben?

»Fallen« und psychische Probleme

Wer vor Entscheidungen steht, sollte seine »Fallen« kennen: *Neige ich dazu, mich zu schnell festzulegen? Oder umgekehrt dazu, Entscheidungen aufzuschieben und zu verschleppen? Zu einem kindhaften oder zwanghaften Anpassungs- und Unterwerfungsverhalten? Oder zu postpubertärem Auflehnen und Andersseinwollen? Zu depressiven Stimmungen, die mich alles schwarz sehen lassen und im Handeln lähmen? Zu einem übersteigerten Selbstwertgefühl und zu Heldenphantasien? Oder umgekehrt zu Gefühlen der Minderwertigkeit? Zu einer Tendenz, mich vor den Menschen zu verschließen? Oder umgekehrt dazu, in Geselligkeit zu fliehen? Zu Suchtverhalten irgendwelcher Art? Zu Hyperaktivität? Oder zu Antriebsschwäche und Fluchtmechanismen? Zu einem übersteigerten Bedürfnis, bewundert zu werden? Zur Verdrängung der Wirklichkeit, um in schöne, vielleicht fromme Träume zu fliehen? Oder umgekehrt zu einem pessimistischen, vielleicht zynischen Starren auf die üble Welt, so dass ich an keine Ideale mehr glauben kann? Zu übersteigerten Ängsten oder umgekehrt zu Naivität oder Draufgängertum? Zu spiritueller Schwärmerei oder aber zu einer Skepsis, die an Unglaube grenzt?*

Man könnte die Liste fortsetzen. Jeder und jede hat Fallen und tritt in sie hinein. Und doch gilt: Nur wer Fehler macht, lernt dazu; nur wer etwas wagt, reift am *Experiment* – ein wichtiges Wort des Ignatius. Als reifende oder reife Menschen lernen wir – oft mühsam und nie vollständig –, unsere Fallen wahrzunehmen. Zunächst werden wir über sie erschrecken und unter ihnen leiden. Doch im Laufe der Zeit sollten wir auch in alltäglichen Dingen besser auf unsere Fallen achten und einüben, mit ihnen geschickt *umzugehen*, das heißt sie möglichst oft *zu umgehen*. Wir werden uns angewöhnen, ihnen klug *gegenzusteuern* – ein weiteres ignatianisches Wort. Klug ist, wer sanft, aber bestimmt gegensteuert. Zur Klugheit gehört auch eine gewisse Leichtigkeit und – eine köstliche Gabe – der Humor: Wir können uns über unsere Fallen lustig machen und sie sozusagen überspringen.

Wenn die »Fallen« übermächtig sind, man ihnen mit Humor und mit willentlichem Gegensteuern nicht mehr beikommt und sie das Verhalten ständig negativ beeinflussen, liegt eine hoffentlich kleine, vielleicht aber auch eine größere psychische Beeinträchtigung vor. In diesem Fall kann es angeraten sein, professionellen psychologischen Rat zu suchen. Wer zweifelt, ob das nötig sei, kann zunächst zu diesem Zweifel einen Rat suchen. Wer sich mit Entscheidungen immer wieder schwer tut, gleichzeitig aber weit von sich weist, psychische Probleme zu haben, sollte sich am besten doch dazu beraten lassen, ob und welchen Rat er braucht! Psychologische Hilfe ist nicht ehrenrührig; vielmehr ist es ehrenhaft, wenn jemand sich seinen Problemen ehrlich stellt und nach Abhilfe sucht. Er wird damit nicht nur selbst zufriedener – bekommt mehr Trost –, er kann auch besser seinen Auftrag in der

Welt erfüllen, das heisst: er wird mehr Frucht ernten. Wer vor wichtigen Entscheidungen deutliche psychische Probleme hat, sollte in der Regel *vorher* therapeutische Hilfe suchen, auch wenn dieser Prozess mühsam ist und einige Zeit – vielleicht Jahre – beansprucht. Danach wird er sich freier auf die Entscheidung konzentrieren und diese besser fällen können.

Sich entscheiden in persönlichen Krisen oder unter Zeitdruck

Mir geht es derzeit nicht gut. Ich schlafe schlecht, fühle mich wie zerschlagen, bin unruhig und nervös. Ich bin oft traurig und resignativ gestimmt, mutlos, manchmal verzweifelt. Ich flüchte mich in Arbeit. Ich treffe kaum mehr Freunde, mag auch nicht über meine Probleme reden. Oft fühle ich mich einsam und leer. Früher gönnte ich mir jeden Tag eine stille Zeit für die Meditation. Jetzt komme ich darin kaum mehr zur Ruhe, und meistens nehme ich sie mir nicht einmal mehr.

Krisen zeigen sich oft in körperlichen Symptomen: Nervosität, Schlaflosigkeit, Magen-Darm-Probleme. Die dunklen Gefühle wie Trauer, Wut, Leere, Verzweiflung, Einsamkeit mag man noch eher verdrängen können, die Signale des Körper sind jedoch unüberhörbar. Krisen zeigen sich auch in Beziehungen, die in Unordnung sind. Deren Folge sind Spannungen, Groll, Streit, Rückzug. Parallel dazu entwickelt sich die spirituelle Krise: Das Gebet ist trocken und leer, die Meditation erscheint sinnlos, man hat keinerlei Interesse mehr an Gott, der fern und unnahbar, vielleicht bedrohlich oder ungerecht scheint. Eine solche Krise nennt Ignatius »Trostlosigkeit«. Häufig beschreiben wir das Symptom der Krise mit körperlicher und seelischer *Unruhe*. Psalm 42/43 bringt sie ausdrucksstark ins Gebet.

Der erste Rat für die Krise lautet: keine Entscheidungen fällen. Denn wer nicht im Kontakt mit sich selbst, mit den Menschen und mit Gott ist, lässt sich allzu leicht vom bösen Geist beeinflussen. Wer nicht kommuniziert, *hört* nicht: auf gute Berater, auf Gott. Krisen sind, trotz aller Nöte, die sie bringen, etwas Normales und Gesundes. Wir wachsen und reifen in ihnen, auch wenn wir das, solange wir in der Krise stecken, nicht spüren. Wer in einer Krise ist, sollte sich also zuerst bemühen, aus der Krise herauszukommen, bevor er an die zu fällende Entscheidung geht. Nur wer in einer guten, frohen, »trostvollen« Grundstimmung ist, nimmt die Wirklichkeit gut wahr und unterscheidet die Geister richtig. Aus einer guten Befindlichkeit soll man sich mit guten Motiven für Gutes entscheiden. Um aus Krisen herauszukommen, kann vieles helfen: Exerzitien oder einfach ein Urlaub; mehr Distanz oder mehr Nähe zu Personen oder »Problemen«; gute Freundschaft und Gebet; medizinische, therapeutische oder spirituelle Hilfe.

Was passiert aber, wenn man in einer verqueren Lebenssituation steckt und diese die Krise bewirkt? Beispiel wäre die oben erzählte Ehekrise. Dann muss man doch zuerst die Situation ändern – was ja eine Entscheidung braucht –, um dadurch aus der Krise herauszukommen! Diese Beobachtung ist natürlich richtig. Jedoch ist es auch in diesem häufigen Fall ratsam, nicht sofort die getroffene Lebensentscheidung zu revidieren. Die unglücklich verheiratete Frau kann sich z.B. zunächst eine begrenzte Auszeit gönnen, um im Abstand von ihrem Mann wieder zu innerem Frieden zu kommen und darin die Entscheidung anzugehen. Von der Lebenssituation, die die Spannung bewirkt, braucht man so viel räumlichen und zeitlichen Abstand, dass man zu sich und zu Gott wieder den Draht findet!

Nun gibt es jedoch Situationen, in denen nicht einmal das möglich ist: Jemand kann die katastrophale Situation am Arbeitsplatz nicht einfach für einige Monate ruhen lassen, denn er muss ja Geld verdienen und einen Vertrag erfüllen. Die Frau kann in der Ehekrise nicht einfach weggehen und ihre Familie im Stich lassen. In solchen Fällen muss man sich also doch aus der Krise heraus entscheiden! Es gilt: Wenn man nach längerer Leidenszeit keinen Ausweg aus der Krise sieht, sich immer wieder geprüft hat und sich gut beraten ließ, kann die abrupte Notbremsung angezeigt sein: die Kündigung der Arbeit; der Auszug von zu Hause, mit oder ohne Kinder, zu Verwandten oder ins Frauenhaus. Ein solcher Bruch ist schmerzhaft, aber oft ein Befreiungsschlag. Er löst nicht das Problem, schafft aber Raum, um an eine Lösung überhaupt zu denken. Die sozialen Folgen sind sicherlich bedrückend, aber vielleicht das kleinere Übel.

Eine weitere Schwierigkeit hängt oftmals mit der persönlichen Krise zusammen: der Zeitdruck. *Weil meine Freundin schwanger wurde, müssen wir nun vieles sehr schnell entscheiden. – Nach jahrelangem Zaudern kann ich die ewige Profess rechtlich nicht mehr aufschieben. – Diesen Sommer schließe ich mein Studium ab, und es ist höchste Zeit, dass ich mich beruflich orientiere. – Mein Chef will sofort wissen, ob ich die neue Aufgabe annehme.* Äußere, vorgegebene Zeitabläufe harmonieren oft nicht mit der langsameren inneren Entscheidungsuhr. Wenn zur Krise der Zeitdruck hinzukommt und diese verschärft, drohen manche Menschen zusammenzubrechen. Was ist zu tun?

Zunächst kann man versuchen, den Zeitdruck zu mindern: sich von dem Machbarkeitswahn und der Hektik der modernen Welt nicht einschüchtern lassen; in vorgegebene Zeitabläufe Zwischenschritte einbauen; auf nicht notwendige Aktivitäten verzichten, um Zeiten für Stille und Reflexion zu finden; durch Langsamkeit riskieren, Chancen zu verpassen, z.B. das viel versprechende Rendezvous oder den möglichen Karrieresprung. Dann sollte, wer einigermaßen in inneren Frieden gekommen ist, den Entscheidungsweg in Schritte aufteilen und sich für diese eine Zeitvorstellung machen. Methodische Bemühungen können helfen, die knappe Zeit gut zu nutzen. Wer nicht in innerem Frieden ist, sollte alles daran setzen, diesen bald wiederzufinden. Wer zum Zaudern neigt, kann vielleicht den Zeitdruck als Chance begreifen: Angstfrei und klug genutzt, wird ihn der Druck endlich zur ersehnten Klarheit bringen. Wer hingegen zu überstürzten Entscheidungen neigt und Druck nicht durch zu wenig Zeit bekommt, sondern dadurch, dass er zu lange auf die Verwirklichung seiner Pläne warten muss, der kann die Verzögerung als Chance ergreifen: Sie wird ihn zum klugen Aufschub der Entscheidung ermutigen und schließlich dazu führen, dass er sie besonnener und gereifter fällt.

Wenn die Motive chaotisch bleiben?

Ich wollte ja schon immer Priester werden. Aber wenn ich ganz ehrlich bin, muss ich zugeben, dass ich auch zweifelhafte Motive habe: Ich suche den großen Auftritt und die Bewunderung. Ich will einen sicheren Job haben und ein gutes Einkommen. Ich fliehe vor der rauen Arbeitswelt. Und mit Erschrecken habe ich festgestellt, dass ich im Grunde meines

Herzens – was mir das Priestertum ja erspart – vor der Enge einer Partnerschaft Angst habe. Früher pflegte ich sehr spirituelle Motive: den Glauben verkünden, den Menschen dienen, mich für die Kirche einsetzen. Natürlich gibt es diese Motive noch heute, nur nicht mehr so schwärmerisch, eben nüchterner; allerdings bezweifle ich manchmal, ob sie noch echt sind. Mein tieferes Problem ist: Ich habe »darunter« jene ganze Schicht von zweifelhaften Motiven entdeckt. Mir kommt das jetzt ziemlich chaotisch vor. Wie kann ich das alles ordnen, Licht in den Dschungel bringen? Soll ich mich weihen lassen?

Soll ich meinen Freund nun heiraten oder nicht? Als wir uns verliebten, war ich ganz vernarrt in ihn, und er war meine große Liebe. Jetzt sehe ich alles schon viel nüchterner. Ich kenne seine Macken und weiß, wo er mir zeitlebens auf die Nerven gehen wird. Doch so schnell werde ich wohl keinen besseren finden. Und von den äußeren Umständen her – Beruf, Haus, Geld, seine und meine Familie – passt alles optimal. Ich will ja auch möglichst bald Kinder haben. Diese Motive sind für mich in letzter Zeit viel wichtiger geworden. Ist nun die Liebe das einzig Wichtige, sollte ich ihn wohl nicht heiraten – oder?

Wer einen ehrlichen Weg geht, wird mit großer Wahrscheinlichkeit auf dieses Problem stoßen, denn jeder Mensch hat für das, was er machen möchte, einen kunterbunten Reigen von Motiven. Unter ihnen gibt es ehrliche, lautere, reine und unehrliche, unlautere, egoistische – was aber oft kaum zu unterscheiden ist, denn die Motive sind wie ein wirres Bündel, und wenn wir ergründen möchten, welches Motiv welcher Art ist, können wir das Bündel trotz allen guten Willens kaum aufschnüren oder durchleuchten. Wie können wir bei einer unklaren, chaotischen Motivlage zu gesicherten Entscheidungen kommen?

Wichtig sind vor allem die *positiven* Motive, also die, die wir als lauter und selbstlos empfinden: die Liebe, die Barmherzigkeit, die Hingabe an einen Dienst, die Sehnsucht nach Trost und nach Frucht. Sind diese Motive stark? Sind sie so stark, dass sie allein ein gutes Wegstück tragen werden? Der Priesteramtskandidat sollte sich fragen: *Tragen mich, trotz aller Schwächen und Ambivalenzen, meine humanen und spirituellen Motive durch ein langes Priesterleben? Wie kann ich sie weiter stärken?* Die Frau kann nochmals auf ihre Liebe schauen: *Werde ich ein zwar nüchternes, dennoch bestimmtes, liebevolles und freudiges Ja zu diesem Mann und meinem Leben mit ihm sagen können?*

Die sekundären Motive – Fluchttendenzen, gesichertes Auskommen, Anerkennung, bürgerliche Rituale – sind dann weniger bedeutsam. Ob sie im einzelnen moralisch gut oder schlecht sind, ist kaum zu beurteilen und letztlich nicht wichtig. Wir sollen sie aufmerksam beobachten, brauchen sie jedoch nicht im einzelnen zu analysieren und erst recht nicht zu unterdrücken. Sie werden im Laufe der Zeit »integriert«. Gott weiß auch aus zweideutigen und chaotischen Energien etwas Gutes zu machen – er ist da recht trickreich! Angstfrei sollen wir eher das Gute in der Seele fördern als das Unklare oder Böse bekämpfen. Ignatius sagt: Wir sollen uns von ungeordneten Strebungen »nicht bestimmen lassen« (vgl. GÜ 21), sondern uns nach den geordneten ausrichten. Am Ende wird *Gott* – wie das Gleichnis von Unkraut und Weizen (Mt 13,24–30) zeigt – das Böse in unserem Herzen, das wir nicht entfernen können und nicht zu entfernen brauchen, herausreißen und vernichten.

Wie kann man die guten Motive und Strebungen fördern? Man kann sich auf wirkliche Werte besinnen und einüben, sie zu leben; Kontakte zu großen Menschen suchen und sich von ihnen prägen lassen; sich von jenen Orten und Personen fernhalten, die die chaotischen oder sündhaften Energien fördern; durch gute Literatur, persönliche Gespräche und den Blick auf vorbildlich lebende Menschen in sich die guten Kräfte stärken; sich im Gebet Gott hinhalten und ihn um Wandlung bitten; in stillen Zeiten oder Exerzitien sein Leben ordnen und Gottes Gnade wirken lassen.

6. Zehn Leitsätze des Entscheidens

Zum Ende hin sollen zehn Leitsätze das, was bisher bedacht wurde, zusammenfassen und in einigen Punkten ergänzen. Wer vor einer Entscheidung steht, kann mit den Leitsätzen prüfen, in welchen Bereichen er Stärken und in welchen er Schwächen hat. Die Stärken kann er fördern, die Schwächen aufmerksam wahrnehmen und Hilfe dafür suchen.

(1) *Nimm die Wirklichkeit wahr, wie sie ist. Sei aufmerksam für das Konkrete und das Kleine.*

Jede Entscheidung ist ein Zustimmen zu Vorgegebenem. Was ist, muss anerkannt und wertgeschätzt werden. Es gibt eine Art Gehorsam gegenüber der Realität; vielleicht ist er die erste und wichtigste Weise des Gehorchens. Junge Menschen leben oft mehr in ihren Idealen als in der Realität. Ideale sind wichtig und richtig, allerdings muss man sie mit der Wirklichkeit in eine Beziehung bringen, die spannungsreich, erfinderisch und fruchtbar ist. Ältere Menschen leben oft in der Vergangenheit, die sie gerne verklären oder verteufeln. Hier gilt es, die Vergangenheit mit der Gegenwart in eine fruchtbare Beziehung zu bringen. Beides erfordert Übung. Alle Bilder, Phantasien, Träumereien, Gefühle und Gedanken soll man immer wieder auf die Wirklichkeit hin ordnen und sie dadurch relativieren. Ein regelmäßiger Tagesrückblick kann dazu helfen, die Realität besser – ehrlicher, nüchterner, demütiger und liebevoller – wahrzunehmen. Und er hilft, ehrlich und engagiert ja zur Wirklichkeit zu sagen – wie sie ist, nicht nur, wie sie war oder wie man sie möchte. Und wer lernt, im Kleinen und Alltäglichen aufmerksam und treu zu sein, wird das auch für die großen und wichtigen Zusammenhänge schaffen.

(2) *Entwickle das rechte innere Zeitgefühl: nicht überstürzt, nicht verschleppt. Begegne klug äußerem Zeitdruck oder zu großer Zeitverzögerung. Gliedere deine Entscheidung in Schritte und bringe diese in einen realistischen Zeitplan.*

Der rechte Umgang mit der Zeit gehört zur großen Kunst des klugen und guten Lebens, denn die Seele hat und braucht ihren Rhythmus. Wenn sie diesem nicht folgen darf, macht sie Fehler, auch im Entscheiden. Wenn man sich selbst eine Falle stellt – ein falscher Zeitverlauf oder anderes –, soll man diese durchschauen und sanft, aber bestimmt gegensteuern. Beim Entscheidungsprozess ist der zeitliche Verlauf zu beachten: So soll *vor, während und nach* dem Entscheiden ein gutes, trostvolles Grundgefühl vorherrschen. Plötzliche Einsichten können gut sein, sollten sich aber im Alltag über längere Zeit durch Trost und Frieden bestätigen. Strohfeuer der Begeisterung sind dann kein gutes Indiz, wenn sie schnell einem frustrierten oder schalen Gefühl weichen. Die einzelnen Entscheidungsschritte kann man, allerdings nicht zu starr, ordnen und zeitlich planen.

(3) *Öffne deine Ideen dem kritischen Blick deiner Freunde. Suche den Rat kluger Menschen. Prüfe deine Alternativen in realistischen Experimenten.*

Nach Ignatius setzt der »böse Geist« oft die besonders schlaue Taktik ein, zur Geheimhaltung zu verführen.

Allerdings sticht hinter dem Wunsch, die gefassten Pläne zu verbergen, oft bereits das schlechte Gewissen. Wer hingegen vor Freunden und Beratern seine Absichten erzählt, gibt dem gesunden Menschenverstand und der Klugheit und Erfahrung anderer Raum. Andere, insbesondere wenn sie die Person kennen und gutes Urteilsvermögen haben, nehmen die Stärken und Schwächen eines Menschen oft besser wahr als dieser selbst; daher durchschauen sie seine Fallen und manchen Trugschluss schneller. Und wer keinen Berater findet, sollte seine Gedanken und Pläne immerhin für einen fiktiven Zuhörer oder für sich selbst *formulieren*, was bereits zur Klärung helfen kann. Vor großen Entscheidungen sollte man außerdem die Alternativen in Praktika oder Probeläufen testen; auch diese »Rückmeldung durch die Wirklichkeit« kann zur Entscheidung helfen. Und doch sind auch diese Ratschläge nochmals zu relativieren: Tests spiegeln nur bedingt die Wirklichkeit wider. Ein Rest von Unsicherheit wird auch mit der besten Beratung und durch alle Experimente hindurch bleiben. Irgendwann braucht es doch den berühmten »Sprung ins kalte Wasser«.

(4) *Höre, was dein Kopf, dein Herz und deine Intuition sagen. Integriere diese »Stimmen deiner Seele« in das Ganze deines Projekts.*

Unsere moderne Welt ist sachlich, funktional und rational bestimmt. Diesen Zug dürfen wir nicht einfachhin negativ bewerten, und im Alltag müssen wir, ob wir wollen oder nicht, meist so funktionieren. Die Dominanz des Verstandes darf jedoch bei wichtigen Entscheidungen die anderen Kräfte nicht überspielen.

Man muss auf Gefühle achten, sie wertschätzen und ernstnehmen, auch und besonders die unangenehmen oder ungeliebten Gefühle. Umgekehrt gibt es bisweilen, besonders in spirituellen Gemeinschaften, eine Überbetonung des Gefühls. Gegen diese Tendenz muss man betonen, dass jede Entscheidung auch sachorientiert und argumentativ gefällt werden muss. Jeder soll in diesem Bereich seine Einseitigkeit kennen und versuchen, die jeweils andere Seite zu berücksichtigen und zu integrieren. Auch eine Entscheidung durch plötzliche »spirituelle Intuition« ist möglich; man soll dieses Geschenk weder unter- noch überschätzen. Wie auch immer man zu einer Entscheidung kommt: Sie durch ein intuitives Moment – es kann bescheiden und zart sein – ergänzt und bestätigt zu sehen, ist eine große Gnade, um die wir bitten sollten. Die drei Wahlweisen des Ignatius stehen nicht in Konkurrenz zueinander, sondern sie ergänzen und befruchten sich.

(5) *Achte darauf, dass der »böse Geist« die Entscheidung oft komplizierter machen will, als sie ist. Und er arbeitet mit der Angst. Suche Vertrauen und Einfachheit.*

Viele Menschen verlieren sich bei komplexen Entscheidungen in den tausend Kleinigkeiten, die, so meinen sie, auch noch dringend zu bedenken wären. Danach sind sie verwirrt, der Kopf brummt, und sie geben entnervt auf. Man soll sich beim Entscheiden fragen, welches – in einfacher Weise – der *Kern* der Sache ist; um welche – wenigen – Werte und Ziele es bei der Entscheidung »eigentlich« und auf lange Sicht geht; welche klar formulierten Fragen man im Experiment beantworten will; welches einfache Mittel hilft, die rettende Schneise durch den Dschungel zu schlagen. Die tausend nervtötenden Kleinigkeiten kann man dann um den Kern herum gruppieren und versuchen, ihnen das rechte Gewicht zu geben. Bisweilen ist die Verwirrung im Kopf, und das Herz ist schon entschieden. Oder das Herz schwankt, aber der Kopf sieht klar. Auch hier kann man gegensteuern, indem man den verwirrten Teil einfach, aber entschieden zu ordnen versucht. Ähnliches gilt für Ängste: Wenn sie irrational sind und verwirren, kommen sie vom »bösen Geist«. Wir dürfen uns ihnen kraftvoll entgegenstellen und Akte des Vertrauens und des Mutes setzen.

(6) *Wähle nicht, wenn du in einer Krise bist. Suche in allem den größeren Trost und die größere Frucht. Folge deiner Sehnsucht. Sei radikal.*

Wer in einer Krise steckt und deshalb »trostlos« lebt, sollte, wenn irgend möglich, zuerst schauen, dass es ihm besser geht, um danach die Entscheidung anzugehen. Nur wer in Zufriedenheit und Freude lebt, kann in Freiheit und Offenheit beurteilen, welche seiner guten Alternativen die bessere ist. Die wichtigsten inhaltlichen Kriterien für die Entscheidung sind der größere *Trost* – welche Alternative bringt mehr inneren Frieden, mehr Freude, Hoffnung, Geborgenheit, Sinn? – und die größere *Frucht* – welche Alternative trägt mehr zur Gerechtigkeit bei, zum Frieden, zum Glauben und zur Liebe? Beide Kriterien ergänzen und durchdringen einander, sie sind umfassend und hinreichend. Dabei ist auch die Spur der Sehnsucht zu beachten: Wenn wir die Sehnsucht des Herzens erspüren, sie von egoistischen Antrieben reinigen und ihr dann folgen, dürfen wir darauf vertrauen, dass sie in die gute Richtung führt. Bei Entscheidungen geht es immer um ein Wachsen, ein »Mehr«. Der gewisse Schuss Radikalität – das Problem auf seine *radix* (Wurzel) zurückzuführen und es dann mit Eifer anzugehen – kommt meistens vom guten Geist, aber im rechten Maß, ohne Übertreibung.

(7) *Lerne deine Grenzen kennen; akzeptiere und beachte sie. Suche nicht das Kreuz, aber sei aus Liebe bereit, es anzunehmen, wenn Gott es will. Der Wille Gottes tritt nicht von außen als etwas Fremdes an dich heran, sondern findet sich in der Sehnsucht deines Herzens, im Trost und in der Frucht.*

Die eigenen Grenzen und Schwächen kennen zu lernen und mit ihnen klug umzugehen, ist schwerer, als man gemeinhin annimmt. Und doch ist dieser Vorgang der Kern der menschlichen und spirituellen Reifung! Er erfordert Demut, Nüchternheit, Liebe; ein Leben lang ist daran zu arbeiten. Im Entscheiden sollen wir die uns gegebenen Grenzen beachten, dabei aber weder allzu ängstlich noch allzu forsch vorangehen, sondern nüchtern. Das Schwere, den Verzicht und das Leiden dürfen wir nicht *suchen*, aber wir sollen uns, aus Liebe zu den Bedürftigen, bereit machen, es aus der Hand Gottes *anzunehmen*. Dass Gott solches von uns fordert, verstehen und akzeptieren wir nur schwer. Nur wenn es gute Gründe gibt, sollten wir ein »Kreuz« als Gottes Willen annehmen. Und doch kommt das Kreuz häufiger vor, als uns lieb ist, denn die Welt ist verdorben, und diese Verderbtheit müssen wir akzeptieren und durchleiden. Was Gott von uns will, zeigt er uns »von innen her«: Wenn wir nach Läuterung unserer Motive und im Einklang mit unseren

Zielen erkennen, was klar der bessere Weg ist, was so-
mit *wir* für richtig halten und *wollen*, so *ist* dies, davon
dürfen wir ausgehen, der Wille Gottes.

(8) *Betrauere deine abgewählten Möglichkeiten und deine*
verpassten Chancen. Dein Leben ist ein Weg des Loslassens
und des Sterbens. Wenn du das Leben so annimmst, wirst du
dich leichter binden können und zufriedener werden.

Der jugendliche Idealist will *alles*, der Erwachsene bindet sich an *einiges*. Wer ja zu einem sagt, muss Nein
zum anderen sagen. Dieses Nein muss er bewusst voll-
ziehen. Was man nicht wählt, muss man im Herzen
loslassen. Man muss es betrauern und beweinen, um
zu dem, was man wählt, freier und dankbarer ja sagen
zu können. Im Alter muss man ungefragt immer mehr
loslassen. Jedes Loslassen ist ein kleines Sterben, eine
Vorwegnahme des endgültigen Sterbens, in dem wir
alles loslassen müssen – um alles und noch viel mehr
wiederzubekommen. Wer jetzt weniges lebt und dieses *ganz* lebt – es »von innen her verspürt und verkos-
tet« (GÜ 2) –, lebt in der Ahnung der endgültigen Erfüllung; er lebt in Trost und Freude.

(9) *Jesus sei Norm, Urbild und »Gestalt« deines Lebens und*
deiner Entscheidungen.

In Jesus hat Gott uns gezeigt, wie wahres Menschsein
»geht«. Wenn wir auf ihn schauen, haben wir den
Maßstab, der uns sichere Wege führt. Jesus hilft uns:
durch seine *Lehre* – was er den Menschen erzählt und
gepredigt hat; durch sein modellhaftes *Verhalten* – wie
er mit Menschen umging: barmherzig, wahrhaftig,
treu, gerecht, liebevoll; und ganz besonders durch sei-

ne *Person* – wie er auf Menschen gewirkt hat und wirkt. Immer wieder auf ihn zu schauen, ihn tiefer zu erkennen und zu lieben (vgl. GÜ 104), das prägt seine Gestalt in unser Leben ein und verwandelt uns nach seinem Bild. Häufiges Lesen und Betrachten der Bibel, im Alltag und in intensiven stillen Zeiten, hilft uns, unser Leben nach dem Bild Christi zu gestalten.

(10) *Bei deiner Entscheidung kommt der Punkt, an dem du den gordischen Knoten durchhauen musst. Du musst das Risiko auf dich nehmen und loslassen und springen. Dein Grundvertrauen in das Leben, in die Menschen und in Gott wird dir dabei helfen.*

Seit der Antike erzählt man die Sage vom »gordischen Knoten«: Wer ihn auflösen würde, sollte die Herrschaft über Asien erhalten. Der Knoten war aber so kompliziert geschlungen, dass ihn niemand entwirren konnte. Als man Alexander dem Großen das Problem vorlegte, nahm er sein Schwert und hieb den Knoten mitten durch. Wer sich mit einer Entscheidung zu lange herumquält, weil er sich in ihrer Komplexität und ihren Details verirrt hat, kommt an den Punkt, an dem nur ein klarer und harter Schnitt hilft. Dabei muss er auch Nachteile, die er noch gar nicht absehen kann und vor denen er dennoch Angst hat, in Kauf nehmen. Der Befreiungsschlag kann gelingen, wenn er vorher »die Geister unterschieden« hat, wenn er Risiken zulässt, wenn er den rechten Zeitpunkt sucht und wenn er *vertraut*. Das Grundvertrauen wird schon in der Kindheit begründet. Wenn es nicht genügend begründet wurde, muss es nachträglich mühsam aufgebaut werden. Wir müssen das Vertrauen ein Leben lang pflegen und stärken. Nur wer vertraut, kann sich entscheiden. Wer zu wenig vertraut, sollte darauf bauen, dass Vertrauen immer noch wachsen kann. Wir sollten um Vertrauen und um gute Entscheidungen beten.

Anmerkungen

[1] Ausführlicher zu Ignatius und seiner Spiritualität: Stefan Kiechle, Ignatius von Loyola – Meister der Spiritualität, Freiburg 2001.

[2] Ignatius von Loyola, Geistliche Übungen, ed. Peter Knauer, Würzburg 1999 (zitiert mit »GÜ« und Randnummer).

[3] Irenäus von Lyon, Gegen die Häresien 4; Fontes Christiani 8/4, Freiburg 1997, 166.

[4] Auf den Bestsellerlisten der letzten Jahre standen Titel wie »Mut zu Dir selbst«, »Die Kunst, ein Egoist zu sein«.

[5] Genaueres zur Methode der Schriftbetrachtung und zu ausgewählten Bibeltexten: Stefan Kiechle, Größer als unser Herz. Biblische Meditationen – Exerzitien im Alltag, Freiburg 2003.

[6] Hierzu gibt es zahlreiche Bücher; z.B. Willi Lambert, Das siebenfache Ja. Exerzitien – Ein Weg zum Leben. Ignatianische Impulse 1, Würzburg 2004. Angebote zu Exerzitienkursen findet man u.a. im Internet: www.gcl.de (Ignatianische Angebote der »Gemeinschaft Christlichen Lebens«) oder unter: www.exerzitien.info (breites Angebot vieler Exerzitienhäuser).